シリーズ
「改憲」異論
1

改憲という名のクーデタ

改憲論の論点を斬る

ピープルズ・プラン研究所＝編

現代企画室

発行に当たって

ピープルズ・プラン研究所

いま、憲法改悪への動きが急ピッチで進んでいる。改憲はもはや当然のことであり、抗しがたい流れになっているという政治的空気が強力に作りだされている。改憲の最大の狙いは、いうまでもなく第九条の平和主義の原理による制約を取り払って、派兵し戦争する自由を国家に与えることにある。だが、ことはそれだけにとどまらない。自民党の「論点整理」(二〇〇四年六月)や「改憲草案大綱」素案(同年一一月)にあからさまに書かれているように、改憲の内容には、歴史・伝統・文化を踏まえた「国柄」の明示、天皇の祭祀権の復活、「国防の責務」を柱とする「公共的責務(義務)」の強調、家族の価値の重視による男女平等規定の見直し、人権を制限できる「国家緊急事態」の新設などが、提示されている。改憲は、平和主義や人権という現在の憲法の基本原理を大きく変更し、憲法を〝政府の自由を縛る規範〟から〝国家への協力を市民に義務づける〟ものに変えようとしている。憲法の修正=改正という次元を越えて、権力を握っている人間たちが新しい憲法を制定するクーデタに等しい企みである、と言える。こうした改憲の企みには、日本の国家・社会の全体を、グローバリズム・新自由主義とナショナリズム・国家主義の方向へ向かって全面的に改革する狙いがはっきりと表れている。だが改憲の企ては、すでに韓国や中国をはじめ東アジア諸国の政府と民衆の強い警戒心を呼び起こしている。改憲をめぐる政治攻防は、米国・東アジア・日本の国際関係に規定されて進行するだろう。

このシリーズは、憲法改悪の企てに反対し、改憲の狙いや内容を批判し、改憲反対の大きな民衆運動をつくるための問題提起を行うことをめざして刊行される。しかし、私たちは、改憲に対して、いわゆる護憲ではないスタンスに立って反対する立場をとりたい。護憲は、現在の憲法がいかに素晴らしいものであるかを強調して、改憲に反対する立場である。私たちは、政治や社会の現状を徹底的に批判し、民衆にとって望ましい政治や社会のあり方（オルタナティブ）がどのようなものであるのかを自由に構想し、論じることから出発して、改憲に反対する。

オルタナティブには、たとえば次のようなことが含まれるだろう。日本で暮らす外国人が政治的な決定に参加する権利を行使できる。天皇制をなくして、共和政に移る。日米安保を解消し自衛隊を解体して、国家の非軍事化・非武装化を実現する。国境を越えた市民の連帯と協力を基礎にして交渉によって紛争を解決する。個人あるいは地方自治体が、戦争や戦争準備への協力・動員を拒否できる自由をもつ。個人が、結婚や家族の形成や働き方について各々の価値観に従った多様な生き方を選ぶ自由を保障する。住民投票や国民投票といった直接民主主義的な意思決定の仕組みを導入する。地域や先住民の自己決定権や日本国家からの分離の自由を保障する、などなど。

対米軍事協力と経済「構造改革」が急速に進む現状を批判し、民衆にとって望ましい政治や社会のあり方を積極的に構想し対置する議論を呼び起こそう。私たちは、このことによってこそ、いま企てられている改憲が、民衆にとってどれほど抑圧的で敵対的なものであるかを浮き彫りにすることができる、と考える。そして、現在の憲法の立憲主義、平和主義、人権、主権在民、地方自治などの基本原理や条項のもっている普遍的な価値に光を当てることもできる。いいかえると、護憲ではない立場に立つことによって、改憲と国家・社会の全面的改革の企てに対して最も有効に抵抗し反撃することができるはずである。

今後第一冊の「論点整理」批判に続いて、「憲法」とは何であるのか、国民投票法案、「九条」問題、天皇条項、家族論、運動論など多くのテーマでシリーズを展開していく予定である。

このシリーズが、護憲派はもちろん、改憲に反対する、あるいは改憲に疑問をもつ多くの人びとの間で活発な議論を呼び起こす一助となれば、幸いである。

二〇〇五年四月

「改憲」異論① 改憲という名のクーデタ 目次

装丁――本永惠子

序論

憲法の横取りとしての「改憲」プロセス

小倉　利丸

おぐら　としまる
1951年生。ピープルズ・プラン研究所共同代表。『グローバル化と監視警察国家への抵抗』（編著、樹花舎）など。

いよいよ「改憲」への具体的なプロセスが秒読み段階に入った。「改憲」の基調は、非武装平和主義の放棄、個人主義に基づく基本的人権の尊重から国家を最優先とするナショナリズムの復興、そして「主権在民」原則の弱体化と政権のための憲法の利用にある。(「改憲」にわざわざカッコを付しているのは、後に述べるように「改憲」論議には改憲の枠を逸脱した憲法の新たな制定という主張が含まれているためである。)

「改憲」派からは現行憲法が時代遅れだとの非難が再三浴びせられてきた。しかしその「改憲」派が提起する「改憲」の内容は、帝国主義戦争と植民地主義という、いずれも歴史的に敗北を喫し死亡宣告された半世紀以上も前の旧憲法の「理念」の蒸し返しである。

現在、日本の国家体制は未曾有の「国家の正統性」の危機に直面している。自衛隊は、創設から半世紀たつ今に至るまで違憲の疑惑を払拭できず、合憲性についての主権者の合意が得られていない。にもかかわらずその自衛隊を、小泉政権は事実上の軍隊として海外に派兵し、さらにイラクのような戦場にまで送らねばならないというところに自らを追い込んだ。国際環境の変化は、戦後日本の平和主義の理念を破綻させた、とよくいわれるが、それは間違っている。第三世界の小国ならいざしらず、世界第二位の経済力を持つ国が、非武装平和主義という憲法の基本理念を国際政治の場面で貫徹できなかったのは、日本政府の外交の失敗であり、その責任は政府が負うべきなのである。日本政府には、米国を後ろ盾として経済と軍事によって近隣諸国をねじ伏せるという脅迫的な政治や武力の使用が外交と政治の失敗であるという理解はない。むしろ、自らの責任を問うことなく、憲法に責任を転嫁しようというのが現在の「改憲」派の基本的な態度である。

「改憲」派にはなにひとつ歴史を創造する新しい理念はない。近隣諸国の経済力と政治力の急速な発展に脅え、米国との半ば脅迫的な同盟関係のなかで、復古主義を主張する支配層内部の極右勢力とでもいいうる部分が「改憲」のなかで大きな発言力を獲得してきた。再軍備のために、日本人の近隣諸国民衆への潜在的な差別意識をたくみに利用して敵意を煽る。自民、公明そして民主党も巻きこんで、戦争を新たな政治的経済的なビジネスチャンスにしようというわけだ。

●戦後ナショナリズムの危機と「改憲」

現在の国際関係の極端な不安定状況は、一九八〇年代から始まったポスト冷戦期がソ連の消滅とともに米国への政治的経済的権力の一極集中をもたらしつつも、この一極集中が一時的なものであって、米国を唯一の基軸国とする安定したグローバルな資本主義へと収斂していないことを示唆している。この不安定なグローバル資本主義は国民国家という枠組を相対化せざるをえず、しかし新たな統治制度も生み出せていない。国民国家と植民地から構成された二〇世紀前半までの世界資本主義の構造と現代のそれとは決定的に異なっているのである。にもかかわらず、「改憲」派は、役立たずとなった国家主義的なナショナリズムによって国民国家の揺らぎをなんとか押しとどめようという復古主義に頼る以外にない。新たな国家像などはなにひとつない、ここに実は改憲派の最大のアキレス腱がある。

戦後日本のナショナリズムは私生活の物質的な豊かさを国家が下支えする経済的なナショナリズムだった。六〇年代の経済ナショナリズムはアジアに対する日本の経済帝国主義を復活させた。これに対して、国家が民営化や規制緩和を推進し、もはや経済的な豊かさを保障する意思をもたないことを宣言してしまった現在、ナショナリズムは行き場のない状態に追いやられている。日本の経済帝国主義もグローバルな資本主義への統合のなかで呻吟しはじめた。金（経済）で「国民」を買収することが出来なくなった国家にできることが復古主義的なイデオロギーへのしがみつきになるのは必然といえる。

現在の「改憲」は、極右勢力の影響力が徐々に増す中で、資本主義のグローバル化のもとでの国民国家としてのアイデンティティ・クライシスに直面した日本の支配層が打ち出した自己保身のための手段である。こうした「改憲」の政治的なコンテクストを脇において、新しい人権に関する条文を盛り込むかどうかといった改憲論議に参加しようとすることは、むしろ基本的人権の理念総体を扼殺することにしかならない。

●護憲ではない「改憲」反対とは

私は、現在の「改憲」をめぐっては、広範で多様な反対の議論があるにもかかわらず、改憲派もマスメディアも「改憲か護憲か」という平板な二者択一の選択肢のなかに論議を押し込めようとする状況に深い危惧を抱いている。とりわけ私は、護憲という立場をとることなしに断固として改憲に反対するという視点にたって、改憲反対運動のなかでこれまで論じられてきた論点を明確にすることがなによりも必要だと考えている。「護憲か改憲か」という平板な論争の土俵におさまりきらない創造的な議論を喚起することが今必要になっていると感じるからである。

「改憲」に反対ならば「護憲」ではないか？「護憲」と「改憲」以外の第三の選択肢などありうるのか、という疑問があるだろう。第三の選択肢はいくつかありうる。現在の「改憲」の流れに対して今現在の流れとは別の「改憲」を対置する態度、改憲ではなく新たに憲法を制定し直すべきだという態度、逆に「憲法」そのものを否定する立場もある。憲法が国家の基本設計にかかわるものである以上、議論は国家とわたしたちの関わりについての根源的な理解を問われることになる。「護憲」「改憲」の二者択一に押し込めてはならないのである。

●改憲と新規制定とはどこが違うか

「護憲」か「改憲」か、という二者択一には隠された「罠」がある。特に、もっとも大きな問題は「改憲」のなかに新憲法の制定を事実上含めてしまおうとする考え方が国会や政権与党のみならず野党側にもあることだ。改憲と新たに憲法を制定し直すことの違いを明確にすることが現在の「改憲」論議を見誤らないためにも必須である。

現在の与党、自民党の態度は、「新憲法起草委員会」という名称からも明らかなように、事実上の新憲法の制定であって、改憲を逸脱しているというのが私の考え方だ。自民党の「改憲」への基本的態度は、非武装平和主義、主権在民、個人主義に基づく基本的人権の尊重という憲法の基本的な柱すべてを否定的に再構築するものだ。これを「新憲法起草」というのは間違っていないが、これを憲法の「改正」手続きで行うことは決定的に間違っている。

現行憲法では第九六条で憲法改正の手続きが定められている。国会総議員の三分の二以上の賛成と国民投票による過半数の賛成が必要であるということが定められているが、特に改正についての制限は明記されていない。だから、どのような改正も形式的には可能にみえる。いいかえればすべての条文をまったく新しいものに差し替えても構わないともとれる。

しかし、九六条の「改正」規定には新たな憲法の制定も含まれるという解釈は成り立たない。国会に新憲法を制定のための発議の権限があるとすれば、憲法によって縛られなければならない国会が逆にみずからにとって都合のよいように憲法を書き変えるための手続をとることができるということになってしまうからだ。

国民投票も同様であって、現憲法で定められた「国民」に新憲法制定をゆだねることはできない。新たな憲法の制定には新憲法を誰が制定するのかという問題を一から決めなおす手続きが必要である。「国民」という規定は、現在の憲法の権力と権威の源泉であるが、将来の新たな憲法の権力と権威の源泉であるとあらかじめ決めつけることができないからだ。

では、現行憲法は旧憲法の全面的「改正」によって成立したことはどのように理解したらいいのだろうか。これは、改正手続による新憲法制定ではないのか。旧憲法の場合、「現人神」と規定された天皇が主権者であって、その天皇が同時に憲法制定権力を有すると解釈できるので、天皇の裁可があれば、改正手続きによって新たな憲法の制定を行うという裏技も通用するといえる。当時の日本政府とGHQ（連合国軍最高司令官総司令部）は、手続的にはこの裏技を使って現憲法を制定した。しかし、民主主義を前提とするのであれば、新たな憲法の制定主体は天皇にはないし、政権政党にあるわけでもない。そればかりでなく、現憲法が規定する主権者に限定することもできない。

●「改憲」手続きで新憲法制定をしてはならない

現行憲法の「改正」の手続きで基本的な理念を否定するようなことまで行うことが可能になってしまえば、国会は憲法を超越する権力を持つことになる。議院内閣制のもとでは、内閣は議会の多数派で構成され、最高裁判所の裁判官は内閣で任命するから、この芋づる式の三権分立は権力の相互牽制システムではなく権力の相互補完システムとなる。国会に憲法の制定を含む無限定な改憲の発議が可能であるとすれば、このシステムが総体として憲法に超越する力を事実上得てしまう。これは立憲国家とはいえない。

先にも述べたように、憲法の基本理念は、非武装平和主義、主権在民、個人主義に基づく基本的人権の尊重にある。九六条によってなしうる国会による「改正」は最高法規としての憲法の基本原則と規範を否定したり逸脱するようなものであってはならず、これらを補強する意味での改正に限定されると解釈しなければならない。環境権などの新しい権利の主張を九条改憲と抱き合わせにして同じ土俵で論じること自体が手続き的に間違っているのだ。言い換えれば、九条改憲が議題にのせられること自体が違憲なのである。

天皇制を廃止して共和制にするとか平和主義を廃して再軍備を実施するなど、国家の再定義を必要とするような場合がもちろんありうる。このような場合には、憲法を白紙から創出することを意味し、国会や内閣など憲法に拘束された機関ではなくて、そもそもの憲法を制定する権力を持つ者に立ち返って制定のプロセスを踏む必要がある。憲法制定権力が誰にあり、誰にはないのかということは大変難しい問題であって、現行憲法にいう「国民」にあらかじめ限定することはできない。改めて誰がこのような権力の担い手であるのかということ自体が見定められなければならない。

歴史的にいえば、民主主義に基づく憲法の制定プロセスは、大多数の民衆が現在の憲法と権力や権威の源泉を否定し新たな憲法の制定を要求して登場することではじめて具体化する。その結果、国家の政体が変更されたり、国家の一部が分離独立したりといったことが生じる。こうした民衆の下からの要求を通じて、憲法を制定する権力の主体が形成され、既存の憲法の枠組とは異なるものとして憲法制定議会などが臨時に設けられる。民主主義を前提としないのであれば、軍部のクーデタ、王政復古、外国の支配などが新たな憲法制定権力として登場することもありうる。

●民衆の側に新憲法制定の要求はみられない

現在、民衆の側から新たな憲法を制定するような大きな運動はない。むしろ現行憲法の基本的な枠組が承認されている。だからこそ本来の意味での改憲すら実現できてこなかった。こうした現実を無視して政府・与党が「改憲」を装って新憲法を制定するということは、憲法制定権力が自民党の「新憲法起草委員会」に事実上横領されているのではないかという疑念が私にはある。これは、民主主義を装ったある種の一党独裁政権による憲法の制定プロセスといってもよく、これは絶対に認めてはならない政治手法である。

現在の与党の作戦は、国家の事実上の再定義（これが最終目標である）と若干の新たな権利の追加という、同じ土俵に乗せることのできない全く異なる性格のものを抱き合わせにして「改憲」という枠に入れて、あたかも同じ「改憲」の議題であるかのように偽装しようというものである。私たちは、こうした与党の作戦に対して、まずなによりも現行憲法の基本理念の否定をともなう国家の再定義にあたる議論を、国会の改憲の権限から逸脱するものとして議題から下ろすことを要求しなければならない。再軍備、「国柄」や家族主義などの復古的なイデオロギーによる基本的な人権の制約、天皇の元首化による主権在民の制限などについてはすべて憲法改正の範囲を超える議題である。この点が明確にならない限り、改憲の具体的な手続論に踏みこむことはしてはならない。

●だれが決めるのか？

「改正」手続きにはこれまで述べてきた問題に加えて、いったい誰が「改正」を決めるのかについても未解決の問題がある。すでに国会の争点となっている国民投票法案の問題や在日外国人や移住労働者など日本国籍をもたないが日本国内に居住し、日本の法と国家権力の下にある人々が現行憲法の主権者である「国民」の枠外に置かれ、憲法に保障された権利主体から除外されているという問題が指摘されてきた。

さらにこれに加えて、考慮しなければならないことがある。それは対外関係のなかで日本の外交や経済活動によって権利の侵害を被りかねない外国に住む人々の権利をどのように考えるか、という問題である。憲法で普遍的であることをうたわれた基本的人権の権利の享受主体が「日本国民」に限定され、国境や国籍によって制約され、差別扱いされていいのはなぜなのだろうか。「従軍慰安婦」問題や植民地支配にかかわる問題はこのような矛盾を端的に突きつけてきた。憲法九条の平和主義はアジア諸国・民衆に対する植民地支配と戦争責任の証でもあるとすれば、当然のこととして九条改憲の利害当事者は「日本国民」を越える。

現在のように自衛隊が海外に派兵され、イラクでは米軍とともに占領軍の一角を占めるといった事態のなかで、わたしたちは一方の当事者であるイラクの民衆を私たちと対等な権利主体としたうえで自衛隊の派兵問題を討議するような国境を越えた民主主義の枠組をもち得ていない。国境を越えた自衛隊の派兵は、一方の当事者の参加なしに決定されたが、国際関係のなかで一国の民主主義にもとづく手続きで果たして民主主義の実質を尽くしたといいうるのだろうか。

今回の「改憲」に関しても、周辺諸国の政府や民衆からは、戦争放棄条項の廃棄と再軍備が自分たちにむけられる軍事的な脅威であることから大きな危惧をもって注目されているが、彼らには日本の憲法の「改正」に参加する権利も討議に参加する機会も与えられていない。資本や軍隊は自国の民主主義的な手続きによって他国の民衆を搾取し、生命を危険にさらす権利が正当化されてしまうという現在の資本主義のグローバル化の矛盾を「改憲」の問題のなかで私たちはきちんと見据える必要がある。この矛盾を解決する意図をもたず、誰が憲法を決める権利を持つのかという根本的な問いを回避した「改憲」のプロセスは主権者から排除された人々の権利を脅かし、結果的に主権者の権利を脅かすことになる。

●憲法の普遍性と特殊性

そもそも憲法とは何なのだろうか。憲法は「最高法規」と規定されている。最高法規の意味は、一般の法律よりもより重要な社会の原則を定めた法、あるいは一般の法律よりも上位にある法規範であって、法を制定する際の準拠枠だということである。国家の統治や政体の基本原則は憲法によって規定されるので、憲法は国家権力の限界を定めたものでもあって、国会、内閣、裁判所はこの憲法を逸脱することは許されない。国家が憲法を恣意的に自らの都合に合わせて制定すべきではないのはこのためだ。

しかし、憲法がいわゆる「法」なのかどうかについてすら考え方は一つではない。日本語では憲法と呼ばれるために、「法」であることが当たり前だと受け止められがちだが、憲法は英語ではConstitution、ドイツ語ではVerfassungである。いずれにもlawとかRechtなど「法」という言葉は含まれていない。「構成」とか「体制」といった抽象的な概念が国家の基本的な原則や規範を規定する特定の文脈に置かれたときに、日本語でいう「憲法」という意味を持つのである。「構成」という意味での憲法は、社会集団を構成する人々が自分たちの集団がもつ権力を律するための基本的な原則・規範を意味するものであって、国民国家に限らずいかなる社会であれ、人間が社会集団を構成する以上、必須となる条件に属するとみなすこともできる。

どの憲法も、憲法を制定する権力を持つ者（たち）が合意できる原則や規範に支えられなければならない。原則や規範に普遍性があればあるほど合意をとりやすいが、同時に、普遍的であればあるほど、他との差異を立てることが難しくなる。集団の特異性を際立たせることで集団の統一性を保とうとすれば、普遍的な原則や規範よりもむしろ集団にしか通用しない原則・規範を立てることになる。多くの場合、この両者は一つの矛盾のないものとして理解される。つまり、集団の特異性は普遍性の具体的な体現とみなされ、その結果その集団が他の諸集団よりももっとも普遍的な原則・規範を体現した特異な存在であると自己規定するわけである。こうして地球上にある複数の憲法はいずれも自らの至高性を主張して譲らず、相争うことになる。

●矛盾を抱える憲法

憲法とはこうした普遍性と特異性がないまぜになった矛盾のかたまりである。日本国憲法も例外ではない。日本国憲法は「普遍的な政治道徳」や「永遠」の努力、「永久の権利」などに言及するが、同時に、象徴天皇制のような普遍性をもたない規定も持つために、常に天皇制はこの普遍的な原則・価値の具体的な体現物であるかのように扱われてしまう。

現行憲法の象徴天皇制規定は、共和制は採用せずに象徴天皇制という国家体制を採用するという価値選択についての宣言でもある。国家の「権力は国民の代表者がこれを行使」することが憲法の前文に明記され、議会制民主主義として具体化されている。他方、国家の「権威」については、「国民に由来」すると述べられているにもかかわらず、権威の行使は誰が行うのかについては言及がない。現実には、象徴天皇制が、国家の権威を事実上担い、国民がこの権威に従属する事態が起こっている。一般に君主制は、政治的な権力を持たないとしても権威を保持しなければ成り立たないために、「国民」に由来する権威が君主制によって簒奪され、「国民」が君主制の権威に従属させられるという転倒現象を避けることができない。現行憲法もこの転倒を防げていない。

宗教も同様であって、政治的な権力から排除されても権威からの排除がなされない限り、宗教が主権者に由来する権威を簒奪することがおきる。この権威の簒奪を通じて、特定の道徳、価値、イデオロギーを憲法の普遍性だと僭称するような仕掛けから憲法は逃れられないのである。

同時に憲法には宗教に対する態度、国家と個人の関係、家族と個人の関係、民族や性に対する態度、人生でもっとも大切にすべき価値など「国民」の価値観に深くかかわる条項が、三権分立などの国家の統治機構の基本やその運用方法などを定めた条項と共に混在する。いいかえれば、憲法は「国民」がとるべき規範や価値観を統治の制度に媒介する役割を担っている。「改憲」の問題もまた、こうした国家にかかわる権威、価値、道徳などに関する側面を持たざるを得ない。自民党の「論点整理」などが「国柄」という概念を持ち出し、現行憲法によって否定された旧憲法の理念の再生を企図しているのは、憲法のもつ普遍的な価値の側面ではなく、普遍的な価値を偽装する価値観やイデオロギーという憲法のもうひとつの側面にかかわっている。

●権力の自己保身のための憲法の横領を許してはならない

現在の「改憲」論議は、こうした憲法にまつわる限界に自覚的ではない。政府・与党は、みずからが憲法に超越するような力を行使して憲法を支配下に置く一方で、みずからに都合のよい憲法を特権化あるいは物神化して、民衆を支配するための最高法規と位置づけてみずからの権力の至高性の後ろ盾にしようという野望を秘めたものになっている。これは、国民国家がグローバル化のなかで相対的に衰弱しはじめていることへの権力の本能的な自己保身作用のために民衆に犠牲を強いようというものであって、ナショナルなものに収斂しない個人主義や平和主義といった価値観が袋だたきにあっているのである。

私たちは憲法を制定する権力の主体としての権利をもっている。この権利を行使するかどうかは別の話だが、しかし権利主体の責任において、国家権力の自己保身のための憲法制定権力の横領は断固として認めてはならないのである。

論点1

憲法とは何か――なぜ、「国民の義務規定」としてはならないか

白川 真澄

しらかわ ますみ
1942年生。『季刊ピープルズ・プラン』編集長。著書『脱国家の政治学』(1997年、社会評論社）ほか。

●憲法は、政府の自由を縛る規範である

憲法は、市民の人権を保障するために政府の意思決定や行動の自由を制限する規範である。分かりやすく言うと、人びとの自由を守るために、権力を持つ政府の自由を縛る最も基本的なルールである。憲法の根本的な役割は、国家の権力を制限することにある。

そして、市民の人権を守るために憲法によって国家権力の自由を制限するという考え方や仕組みは、立憲主義と呼ばれる。立憲主義は、国家「権力に勝手なことをさせないという一語に尽きる」[1]。

立憲主義は、近代において国民国家がすべての権力を独占し、人びとに対する生殺与奪の権力を握る強大な存在として立ち現われたこと、そうした主権国家による抑圧からの自由をめざす民衆の運動が展開されてきたという長い歴史的道のりを経て確立されてきた。

したがって、憲法は権力制限の規範であるという考え方、つまり立憲主義は、政府と市民、国家と国民の間には「共生」や役割分担といった調和的関係ではなく、つねに対立や衝突といった緊張関係があるという見方の上に立っている。これは、その政府が国民主権の原理にもとづいてきわめて民主的に選ばれた政府であったとしても、変わらない。民主主義が「人民の支配」、「人民が権力をもつということを」意味するのに対して、立憲主義は「だれが権力をもつにせよ、その権力を『法』『憲法』でしばることを求める」[2]。どんなに民主主義的な政府や権力であっても、政府への徹底した不信の上に立って、権力を制限し監視することに、憲法の本来的な役割があると言える。

1　樋口陽一『個人と国家』(集英社新書、二〇〇〇年)

2　樋口陽一『憲法と国家』(岩波新書、一九九九年)

●あらためて立憲主義の意義を評価する

こうした立憲主義の考え方は、しかし、国家のあり方と人権の歴史的な変遷のなかでいったん影が薄くなる。国家は、市場経済や社会に介入・干渉しない「小さな政府」から、戦争や経済恐慌の経験を通じて社会や市場経済に積極的に介入・規制する「大きな政府」へと変化をとげてきた。それに対応して、国家権力からの個人の自由としての人権（市民的自由）も、国家権力「への自由」（政治参加の権利）、そして国家権力「による自由」（社会権）へと、その内容を拡大してきた。政府は、戦時においては社会生活全体を統制する強大な権力を行使し、同時に国民のナショナル・ミニマム（最低生活水準）や労働や教育を保障するために所得再分配などの活動を行うようになった。政府の自由を縛ることよりも、政府が「人民のために」積極的に活動することが求められるようになったわけである。

政府の役割の変化は、官僚制を肥大化させ政府の権力（行政権力）を突出させた。経済や福祉や教育などあらゆる分野で、政府、とくに行政機構を動かす官僚は自由に裁量権を行使するようになり、市民や議会によるコントロールが及ばなくなった（日本では、官僚が政策決定と情報を独占してきた）。人びとの生活は、福祉サービスの享受と引き換えにすみずみまで政府によって管理されるようになった。

また、ソ連や中国をはじめとする社会主義国家では、共産党と官僚が独裁的に権力を行使して市民的自由を圧殺し、社会生活を窒息させた。そこでは、「人民の」「人民による」「人民のための」

権力と称して、政府の自由が誰からも制約されることなく、まかり通ったのである。

さらに、九・一一テロ後のアメリカに典型的に見られるように、「テロとの戦争」は政府の超法規的権限を無制限に拡大し、市民の自由を平然と侵害している。

こうした現実は、私たちにあらためて、政府の自由を縛る規範としての憲法と立憲主義の重要な役割を見直すことを求めている。

●憲法のもつ特徴

憲法が政府の意思決定や活動の自由を縛る権力制限規範であるということから、いくつかの重要な点が導きだせる。

まず、憲法は、個人、すなわち権力を持たない市民が行なってはならないことや行うべきことを定めるものでない。国家が行なってはならないこと（政府に禁じている事がら）や行うべきこと（政府に実行を義務づけている事がら）を定めるのである。憲法には、政府が市民のさまざまな自由を侵害することや勝手に戦争を始めることを禁じる規定、市民にナショナル・ミニマムや労働や教育を保障するべき規定などが書き込まれている。

憲法は、その本来の役割からすると、政府に義務を課すものであって、国民に義務を課すものではない。「国民に対する命令ではなく、国民による命令である」[3]。したがって、日本の現行憲法に国民の義務を定めた条項がほとんどなく、いくつか「定められている国民の義務は、すべて国

3　ダグラス・ラミス『ラディカルな日本国憲法』（晶文社、一九八七年）

民の自由・権利の実現や保護に直接還元されるもので、国民に本当の意味での法的義務を課している規定ではありません」[4]というのは、しごく当然のことなのである。

第二に、憲法は、政府に「押しつけられ」たものである、ということである。改憲論の最大の論拠となってきたのは、現行憲法が「押しつけられた」ものだという批判である。だが、現行憲法は一体、「だれに」対して「押しつけられ」たものなのだろうか。それは、日本の支配層が敗戦にもかかわらず明治憲法下の旧体制を存続しようとしたことに対して、市民が政府の自由を縛る憲法を「押しつけ」ることができなかったなかで、アメリカ占領軍によって日本の支配層と政府に「押しつけられ」たものである。

政権の座にある人間や政治勢力は、どんな場合でも権力行使の自由の拡大を欲し、そのために憲法を「押しつけ」られた足枷と感じる。アメリカ占領軍によって「押しつけ」られたものでなくても、そう感じるのである。憲法が権力制限規範としての中身を持っているかぎり、憲法に居心地のよさを感じる政府など、どこにもいない。「押しつけ」られたことに反発するのは、権力を握っている者なのである。

第三に、日本の憲法は、第一章の規定によって天皇制という「聖域」（国民主権や人権の原理とまったく相容れない）を抱えこんでいるが、同時に政府の自由を多くの点で制限している。だが、何といっても政府が戦争を行う自由を第九条によって厳しく縛っていることに、大きな特徴がある。近代の国家主権の核心は、国家が軍事力を独占して戦争を行う権限にある。政府の自由

4　渋谷秀樹『憲法への招待』（岩波新書、二〇〇一年）

の最大のものは、戦争を行う自由である。戦争違法化の流れに立って戦争を禁止した国連憲章も、緊急切迫の場合の自衛権の行使や侵略行為に対する「正義の戦争」を容認している。しかし、日本の憲法第九条を素直に読めば、これが自衛のための戦争を含めてあらゆる戦争を禁止していることは明らかである。

その意味で、第九条は、絶対平和主義の考え方を表現しているだけではない。国家が軍隊を保持し戦争を行う自由を一切禁じているという点で、政府の自由を最も厳しく縛っている。つまり、立憲主義の考え方を最も明確に体現している条項でもあると言える。

●日本の憲法は、なぜ政府の自由を縛ることに成功してこなかったのか

もちろん、権力制限規範としての憲法は、これを市民が政府に「押しつけ」続けることによって、はじめて政府の自由を効果的に縛る働きをする。

よく知られているように、戦後日本の保守政権は、ルールそのものを変えるのではなく、ルールの解釈を勝手に変えるという手法、つまり解釈改憲によって縛りを緩め、政府のフリーハンドを徐々に広げてきた。たしかに、六〇年安保闘争に代表される民衆運動の力は、政府に憲法を「押しつけ」る力として働き、そのことが権力者に明文改憲を長い間断念させてきた。だが、反戦平和運動や護憲の政治勢力として現れた「押しつけ」る力は、政府による解釈改憲とそれにもとづく既成事実の積み上げを阻むまでには至らず、むしろ次第に風化してきた。

解釈改憲の横行には、ルールの解釈権をルールに縛られるべき当の政府自身が握ってきたという事情もあった。政府の一組織にすぎない内閣法制局が都合のよい憲法解釈を行なっても、司法が歯止めをかけなかったからである。最高裁判所は、下級裁判所の違憲判決を次々に覆し、「統治行為」論（政府の行為が「高度に政治性を持った行為」であれば司法審査の対象たりえないという考え方）に立って、違憲立法審査権を事実上行使せず、政府の憲法解釈にお墨付きを与えてきた。

しかし、政府の自由を縛るという視点から見ると、憲法そのものが一国的な枠づけという限界をもっているという問題がある。

政府の意思決定や行動は、一国の枠内で主権者である国民（国籍を有する市民）との関係でだけ決まるわけでない。他の国家や他国の民衆との国際的な関係のなかで決まる面が大きい。立憲主義という視点から見ると、政府の権力行使（たとえば戦争）は、自国の憲法によって制約されるだけではない。国際法である国連などの条約や二国間の条約によっても制約される。

戦後日本の政府の行動は、何よりもアメリカとの関係で決められてきた。日米安保条約は、政府が憲法による縛りを踏み破って行動する法的な拠り所となってきた。日本の政府は、憲法と日米安保条約という相矛盾する二重の法体系の下に自らを置いてきた。後者の規定力が優越したが、政府は、九条をはじめ憲法による制約からまったく自由になれたわけではない。解釈改憲は、両者を無理やり接合する姑息な手法であった。

日米安保条約は政府の行動を規定する最大の規範であったが、国連の人権条約も政府の政策決定に強い影響を与えた。女性差別撤廃条約や難民条約は、日本政府の女性政策や外国人政策をそれなりに変更させる役割を果した。その意味では、人権保障などを定めた国際法は、政府の自由を外側から縛る規範として働く。

そして、こうした人権条約や国際人道法など国際法の成立と実行・監視は、国境を越えた民衆運動の力と働きかけによって、はじめて可能となった。民衆運動は、憲法や国際法そのものというよりも、そこに表現されている普遍的な諸価値（人権や戦争の違法性や非暴力など）を主張して立ち上がる。そのパワーが憲法や国際法を政府に「押しつけ」る力となる。

このように考えると、立憲主義も、一国の枠内だけではなく、グローバルな広がりのなかで立てられなければならない。とくに、国境を越える民衆運動との関わりでこそ実際に機能することが、強調される必要がある。

●政府の権力を縛る規範から国民が従うべき行為規範へ――改憲論の憲法観

それでは、改憲をめざす勢力は、政府の自由をより厳しく縛るために改憲しようとするのか。それとも、政府の自由を拡大し政府にフリーハンドを与えるために改憲しようとするのか。

解釈改憲によって積み上げられてきた既成事実の軌跡を見れば、答えは明らかであろう。改憲論が描く国家像（「普通の国」）の核心は、政府が戦争を行なったり世界各地に派兵する自由を持つような国家にほかならない。そういう国家は、市民の自由や人権を政府の好きな時に制限できるような国家でもある。

これを、憲法観の転換としてあけすけに打ち出したのが、自民党の憲法改正プロジェクトチームが二〇〇四年六月に発表した「論点整理」および一一月に出した「憲法改正草案大綱」素案である。二つの文書は、憲法とは何かということについて、次のように述べている。

「これまでは、ともすれば、憲法とは『国家権力を制限するために国民が突きつけた規範である』ということのみを強調する論調が目立っていたように思われるが、今後、憲法改正を進めるに当たっては、憲法とはそのような権力制限規範にとどまるものではなく、『国民の利益ひいては国益を守り、増進させるために公私の役割分担を定め、国家と国民とが協力し合いながら共生社会をつくることを定めたルール』としての側面を持つものであることをアピールしていくことが重要である。さらに、……憲法という国の基本法が国民の行為規範として機能し、国民の精神（ものの考え方）に与える影響についても考慮に入れながら、議論を続けていく必要がある」（「論点整理」）。「二一世紀における現代憲法は、国家と国民を対峙させた権力制限規範というにとどまらず、『国民の利益ひいては国益を護り、増進させるために公私の役割分担を定め、国家と地域社会・国民とがそれぞれ協働しながら共生する社会をつくっていくための、透明性のあるルールの束』としての側面をも有する」（「大綱」素案）。

ここでは、憲法の役割は、政府の自由を縛る権力制限規範から、政府と国民が役割分担をしながら共生するための「国民の行為規範」というまったく別のものに変えられている。立憲主義が拠って立つ、政府と市民とはつねに対立関係にあり、市民は権力に対して徹底した不信をもって臨むべきであるという視点は、すっかり消されている。代わって、政府と市民とは、役割分担して共生する関係にある（べきだ）という見方が登場している。

　権力への不信を抱かず、国家と共生する国民（市民）とは、何のことはない、政府に積極的に協力する国民、もっと言えば政府に従順に従う国民ということである。憲法は、分担された役割を果たし政府に協力・服従する国民の義務を定める「行為規範」となるべきだ、というわけである。憲法によって縛られるのは、政府の自由ではなく、市民の自由になる。

　憲法観のこうした逆転は、立憲主義を頭から否認するものだが、それは、改憲論に固有の国民（市民）観と密接に結びついている。「論点整理」や「大綱」素案は、繰りかえし「行き過ぎた利己主義的風潮を戒める必要がある」、「近代憲法が立脚する『個人主義』が戦後のわが国においては正確に理解されず、『利己主義』に変質させられた」（「論点整理」）、「誤解された個人主義＝利己主義」、「誤った個人偏重主義を正すために『公共（国家や社会）』の正しい意味を再確認させる」（「大綱」素案）と力説している。そこで描かれている国民像は、公共的な責務や利益を忘却して個人の私的な利益追求や自己の権利主張ばかりに走る人間という像である（これは、これまでの改憲論にもしばしば登場してきた伝統的な見方である）。

　したがって、新しい憲法は、利己主義に堕している現在の国民を、公共的＝国家的な責務を果たす国民へと作りなおす鋳型の役割、つまり「行為規範」となるべきだ、と主張されるわけである。

●立憲主義の否定は、何をもたらすか

それでは、政府の権力を縛るルールから国民が従うべき行為のルールへという憲法観の一八〇度の転換は、具体的にどのような改憲構想として現われてくるのか。

まず、九条による制約を取り払い、米軍とともに世界のどこにでも派兵して戦争を行う自由を政府に保障することが目論まれている。「大綱」素案は、「個別的及び集団的自衛権を行使する」ことを憲法に盛りこむことを明言している。また、経団連の「国の基本問題に関する報告書」(二〇〇五年一月)も、「集団的自衛権を行使できる旨を明示する」ように九条を改正することを求めている。集団的自衛権の行使を認める九条改憲こそ、政府が喉から手が出るほど欲しがっている最大のフリーハンドを手にいれるためのもっとも重要な目標である。

第二に、国民の法的な義務を憲法に書きこみ、市民の自由を制限することである。改憲論が市民に新しく義務づけようとする「国民の責務」には、「家族を扶助する義務」(「論点整理」)などが挙げられている。だが、最大の狙いは、「国の防衛および非常事態における国民の協力義務を設ける」(同)、「国家の独立と安全を守る責務を有する」、「国家緊急事態にあっては、……国及び地方自治体その他の公共団体の実施する措置に協力しなければならない」(「大綱」素案)という規定である。

国家の安全を守る責務や国家緊急事態（非常事態）における協力の義務は、政府が戦争や派兵の自由を手に入れることと表裏一体の関係にある。この義務規定は、市民が戦争に反対する言論や行動の自由を制限するばかりか、医療・交通・報道などの分野で戦争や緊急事態措置に労働者やジャーナリストが強制動員されることを拒む自由を奪う根拠にされてしまう。

●憲法を自己否定する国家緊急権の新設

政府の自由を無制限に拡大する改憲の企ては、憲法そのもののなかに国家緊急権を新しく設けることで完成に近づく。

国家緊急権とは、政府が「有事」（緊急事態、非常事態）と認定したときには、憲法や法律を一時的に停止して、政府に権力行使の自由を与え、市民の自由や人権を制限する例外的措置をとることができるという権限である。「戦時・事変等において国家に平常時では許されない措置を認め、国民に平常時では許されない特別の義務を課すことを正当化する国家の権能」[5]であり、「権力の集中と基本権の停止など、立憲主義の一時的停止を伴う」非常措置のことである。九条をもつ現行憲法では、明治憲法にあった緊急勅令などの国家緊急権の規定は、すべてなくなっている。[6]

「大綱」素案は、わざわざ一章を割いて「国家緊急事態」の規定を置いている。「外部からの武力攻撃」、「テロリスト等による大規模な攻撃」、「大規模な自然災害」といった「国家緊急事態」が生じたと、内閣総理大臣が認めて布告を発した場合には、「憲法及びこの憲法の規定に基づく

5　古川純「有事法制の仕組みと問題点」（憲法再生フォーラム編『有事法制批判』岩波新書、二〇〇三年）

6　山内敏弘「国法の体系と変動」（樋口陽一ほか『憲法入門①』有斐閣新書、一九九〇年）

法律の定めるところにより、基本的な権利・自由は、その布告が発せられている期間、とくにこれを制限することができるものとする」。

改憲論のなかでも、国家緊急権を盛り込むべきだという主張は、最近になって強く言われるようになってきた。改憲論をリードしてきた「読売憲法改正試案」でも、第一次試案（一九九四年）にはなく、第二次試案（二〇〇〇年）で初めて姿を見せた。内閣総理大臣は「緊急事態の宣言を発した場合には、国民の生命、身体又は財産を守るためにやむをえないと法律が認める範囲内で、身体、通信、居住および移転の自由並びに財産権を制限する緊急の措置をとることができる」、と。また、中曽根元首相の世界平和研究所の『憲法改正試案』の概要」（二〇〇五年一月）も、「国防、テロ、大規模自然災害等の緊急事態に対応して、内閣総理大臣への一時的権力集中、基本的人権の制約等憲法条項の一時的停止を可能とする」条項を新設するべきだ、と提案している。

国家緊急権（国家緊急事態の条項）を憲法のなかに新しく書き込むことは、国家や国民の「安全」を守るという名目によって憲法を停止することに道をひらく。それは、ワイマール憲法の例を見るまでもなく、市民の自由を守るために政府の自由を縛るという憲法の役割を自己否定する「トロイの木馬」となる。

●国家緊急権を制度化した有事法制

現行憲法は、国家緊急権の規定を持たないにもかかわらず、災害対策基本法などでは緊急事態法制が作られてきた。そして、改憲に先立って、国家緊急権を制度化する有事法制が作られてきている。

有事法制（武力攻撃事態法など十の法律）は、「武力攻撃予測事態」を含む「有事」に、政府が命じる次のような特別措置（「対処措置」）を挙げている。自衛隊および米軍の軍事行動（陣地の構築や部隊展開）のための私有地や家屋の強制使用や形状変更、私有地の緊急通行、道路の優先使用、空港や港湾の優先利用。物資の保管や輸送の業務従事への命令。住民への避難の指示。警報や避難指示の放送の業務従事への指示。生活関連物資の価格統制や配分。

ここでは、国家が個人の私有地や家屋を強制使用する自由が認められている。こうした私権の侵害は、これまで公共事業の場合に限られてきたし、軍事目的での私有地の強制使用は、沖縄の米軍用地の強制使用として例外的に行われてきただけである。有事法制は、これをどこにでも拡張しようとする。

また、有事法制は、政府が命じる対処措置を地方自治体と医療・輸送・放送などの指定公共機関（民間企業）が実行することを義務づけている。さらに、国民がこれに協力するべきことを定めている。自治体が拒否すれば、首相が代執行の権限を行使できる。

さらに、「国民保護」の名目で住民を強制的に避難、つまり移住させることが想定されている。国民は、避難・救援などの「国民保護措置に協力するよう努める」と定められている。「協力は国民の自発的な意思に委ねられる」とされるが、放送業者は警報や避難指示の放送、運送業者は避難のためのバスや鉄道の運行、土地・建物の所有者や流通業者は宿舎や食料の提供、医療機関は医療といった協力を義務づけられる。拒否すれば土地・建物を強制使用され、食料などを強制収用される。

有事法制は、政府に超法規的ともいえる強大な権限を与え、市民の人権や私権、自治体の自治権を公然と侵害・制限する。法律自体が「国民の自由と権利……に制限が加えられる場合」があると、明言している。政府にフリーハンドを与え、市民に義務を課して人権を制限するという改憲の狙いは、有事法制において具現されている。地域の「国民保護条例」や「保護計画」づくりを含む有事法制の確立に抵抗する運動は、憲法とは何かという論点を浮き彫りにし、改憲を阻むために、ひじょうに重要なのである。

「前文」をめぐる改憲論とその問題点

岡田 健一郎

おかだ けんいちろう
1980年生。一橋大学大学院法学研究科博士課程。

●はじめに

自民党の「論点整理」の特徴の一つは、憲法を全面的に「改正」しようとしている点、つまり実質的に「新憲法」を制定しようとしている点である。従来の改憲反対運動の力点は九条に置かれていたように思われる。それは改憲の狙いの中心が、自衛隊や集団的自衛権行使の正当化といった軍事大国化にあったためだろう。だが「論点整理」においては前文にも注目する必要がある。ここでは、まず現行憲法の前文に関する基礎知識を、次に現行憲法解釈の二つの問題点（国際協調主義と「国民」主権）を確認し、最後に「論点整理」の問題点を検討する。

●前文に関する基礎知識

改憲問題において、九条などに比べ前文に対する関心が低かった理由の一つとしては「前文は法的に重要ではない」と考えている人が多いことが考えられる。確かに「本文」と区別された「前文」はただの飾りに過ぎないように思える。

憲法学では一般的に前文は「裁判規範ではないが、法的効力を持つ」と考えられている。「裁判規範ではない」とは、少し難しい言い方をすると「前文単独を裁判で武器として用いることはできない」という意味である。一方、「法的効力を持つ」とは、「前文を改正するためには憲法の他の条文と同じように憲法九六条が定める憲法改正手続きを経なければならない」こと、そして「他の条文を解釈する際の基準になる」ことを意味する。

それでは過去の憲法裁判で裁判所は前文をどのように考えてきたのだろうか。平和的生存権を認めた長沼ナイキ事件第一審判決（一九七二年）は前文を九条解釈の「基準」として用いたが、前文が「裁判規範」であるかどうかに関しては述べていない。他方、第二審（一九七六）と最高裁（一九八二）は平和的生存権を否定したが、前文が「裁判規範」であるかに関しては述べていない。結局、現在に至るまで前文が裁判規範であることを明確に否定した最高裁判決は存在しない。この点をどう解釈するかが問題だが、憲法学では、平和的生存権はその理論構成にやや曖昧さがあったために最高裁によって否定されたが、たとえ前文であっても主張の理論構成を明確にできれば裁判規範として使用できる、という説も主張されている。

つまり、前文は憲法の他の条文、あるいは他の法律の重要な解釈基準であると同時に、前文それ自体も憲法裁判における重要な武器になり得るのである。

●現在の前文解釈の問題点その一——国際協調主義

現行憲法の前文はこれまで改憲勢力には非常に評判が悪かった。前文は現行憲法の三大原則である「国民主権・平和主義・基本的人権の尊重」を宣言しているが、この中の平和主義・国際協調主義が特に目の敵とされてきた。

だが、一九八九年の湾岸戦争をきっかけに、読売新聞や小沢一郎などによる一風変わった前文解釈が登場する。[7] それは「前文は国際協調主義を宣言している。だから日本は「一国平和主義」

7　渡辺治『憲法「改正」はなにをめざすか』（岩波ブックレット、二〇〇一年）一七頁、詳しくは渡辺治『政治改革と憲法改正』（青木書店、一九九四年）九三頁以下をやめ、世界平和を乱すイラクを倒すためにカネだけでなく、国連の旗の下で軍隊も出さなければならない」というものであった。なぜこのような解釈が登場したのだろうか。当時、憲法九条を改正することは困難であると考えられていたため、国連を口実にして、憲法九条を改正せずに前文を強引に解釈することで自衛隊の海外派兵を狙ったのである。だが国連への期待は徐々に失われ、この解釈も消えていった。だが二〇〇四年、小泉首相が前文を自衛隊イラク派兵の根拠として使い、大きな批判を受けたことを覚えている人は多いだろう。今度は「対テロ戦争」の正当化のために前文が「悪用」されたのである。

確かに前文では具体的に「武力の放棄」は述べられていないものの、九条で日本が軍隊を持つことは禁止されているのだから、前文がPKOや「対テロ戦争」のために軍隊を海外に派遣することを要求しているというのはどう考えてもありえない解釈である。

●現在の前文解釈の問題点その二――「国民」主権

現在、在日外国人には国政、地方共に選挙権・被選挙権が与えられておらず、公務員になる権利(公務就任権)も著しく制約されている。[8] その法的根拠が、一九五三年に内閣法制局が出した「公務員に関する当然の法理として、公権力の行使又は国家意思の形成への参画にたずさわる公務員となるためには日本国籍を必要とする」という憲法解釈(通称「当然の法理」)である。この極めて素朴な解釈の根拠が、憲法第一条(「主権の存する日本国民」)、第一五条(「公務員を選定し、

8 田中宏『在日外国人(新版)』(岩波新書、一九九五年)V章及び終章、詳しくは近藤敦『外国人の人権と市民権』(明石書店、二〇〇一年)第三章及び第五章

及びこれを罷免することは、国民固有の権利である」）、そして前文（「主権が国民に存する」）なのである。現行憲法制定時に、日本政府がＧＨＱの草案にあった"people"を「人民」ではなく「国民」と翻訳したことはよく知られているが、その意図的な（？）「誤訳」がこのような結果をもたらし続けているのである。[9]

現在、憲法学では地方参政権を在日外国人に与えることは憲法に違反せず、また、「公権力の行使又は国家意思の形成への参画にたずさわる公務員」を極力限定することで在日外国人の公務就任権を拡大すべきであるという説が主流のようである。だがこれは裏を返せば、国政レベルの参政権、そして「公権力の行使又は国家意思の形成への参画にたずさわる公務員」に就く権利を在日外国人に与えることは「国民」主権に反する、という論理が根強く存在していることを物語っている。これは前文の字句の問題というよりは、むしろ憲法学における「主権」概念の理解の問題であって、ここをクリアしない限り、例え"people"を「人民」と訳し直しても現状は変わらないだろう。

9　古関彰一『新憲法の誕生』（中公文庫、一九九五年）一九〇頁

●「論点整理」の問題点

「論点整理」は、現行憲法の前文に関して、「これを全面的に書き換えるものとすることで、異論はなかった」としている。

そして新たな前文の内容としては、

ア、現行憲法の「国民主権」「基本的人権の尊重」「平和主義」の三原則は「堅持」するが、「行き過ぎた利己主義的風潮」と「一国平和主義」を改め、さらに以下の六点を盛り込むことを主張している。

イ、国民誰もが自ら誇りにし、国際社会から尊敬される「品格ある国家」を目指すこと

ウ、わが国の歴史、伝統、文化等を踏まえた「国柄」

エ、環境権や循環型社会の理念（持続可能な社会づくりの観点）

オ、社会を構成する重要な単位である家族に関する文言

カ、利己主義を排し、「社会連帯、共助」の観点

キ、国を守り、育て、次世代に受け継ぐ、という意味での「継続性」

このうち、アの「平和主義」の修正は本書の「論点4」で、アの「基本的人権の尊重」の修正とエの環境権は「論点5」で、オの家族は「論点6」で検討されるはずなのでここでは触れない。したがってここで検討しなければならないのはイ、ウ、カ、キということになるが、特にウに焦点を絞ることにする。

●「国柄」とは何か

「わが国の歴史、伝統、文化等を踏まえた「国柄」」を憲法前文に盛り込むことはどのような意味を持つのだろうか。盛り込むことに何か問題はあるのか、あるとすればそれは何だろうか。

「論点整理」の中で真っ先に目に付くのは「国柄」という言葉である。辞書を引くと「国柄」には二通りの意味がある。一つは「国や地方の特色、性格」という意味であり、普段使われる「○○県のお国柄」などという言い回しは概ねこの意味である。そして「国柄」のもう一つの意味が「国体」である。

●「国体」とは何か

「国体」という言葉には三通りの意味がある。一つは法学、特に憲法学で使われる「主権の所在、在りか」という意味である。したがって「国体」は日本だけでなく、すべての「主権国家」に存在することになる。戦前の憲法学は「主権」に関して、穂積八束や上杉慎吉らのいわゆる「神権学派」と、美濃部達吉や佐々木惣一たちのいわゆる「立憲学派」に分かれて対立していた。神権学派の上杉は、天皇=国家であり、主権もまた「天皇=国家」に属すると主張した（天皇主権説）。他方、立憲学派の美濃部は、主権はいずれの国においても国家に属すると主張し、肝心なのは主権がどのように行使されるか、つまり「政体」を論じることである、と論じることで「国体」の概念を法学から排除しようとした。戦前の憲法学の主流であった立憲学派は「憲法上、天皇はあくまで国家の一部分に過ぎず、国家のためにのみ権限を行使しなければならない」という「天皇機関説」を主張した。天皇機関説は、政府や軍部がいわゆる「天皇大権」を利用して暴走することを防ぐ効果を有していた。だが「天皇機関説事件」後は、神権学派の天皇主権説が主流となり、法学上、「日本の国体」は「天皇主権」を意味することとなった。

だが「国体」にはもう一つの意味がある。天皇機関説事件後、文部省が全国の学校に配布した冊子『国体の本義』は「大日本帝国は、万世一系の天皇皇祖の神勅を奉じて永遠にこれを統治し給ふ。これ、我が万古不易の国体である」と記述されている。ここでの「国体」は先ほど説明した「主権の所在」という意味だけでなく、〈天皇を倫理的・精神的・政治的中心とする国の在り方〉という意味も含んでおり、もはや単なる法学上の言葉とは言えない。

そして「我々の心の奥深く根を張っているところの天皇との繋がりの心と言うものが基礎になって、日本国民の統合ができております。これに依って天皇を憧れの中心として、それを基礎として我が国体ができて」いるという、一九四六年六月二七日の衆議院本会議での金森徳次郎国務相の答弁における「国体」が三つ目の意味である。ここでの「国体」からは法学的な意味の主権は取り去られ、精神的な意味しか有していない。金森は、日本政府がポツダム宣言を受諾した後も「国体」は変更していないと主張するために、このような「国体」概念を用いたのだった。

●「論点整理」における「国柄」

「論点整理」に「国柄」という言葉が登場したことに戸惑う声は少なくない。[10] 確かに「国柄」は耳慣れない言葉である。しかし国会審議録を見ると、「国柄」という言葉は戦後も使われ続けてきたことがわかる。問題はそこで「国柄」がどのような意味で使われているかである。戦後の国

10 加納実紀代＝小倉利丸＝鵜飼哲「自由・平等・憲法」（『インパクション』一四四号、二〇〇四年）一二頁、天野恵一「「現人神」の「象徴天皇」とは何か」（『技術と人間』、一・二月合併号、二〇〇五年）

会で「国柄」は、「万世一系の天皇が……」の「国体」と、漠然とした「日本の性格」という二通りの意味で使われてきた。

それでは「論点整理」の「国柄」は何を意味しているのだろうか。衆議院憲法調査会に参考人として出席した評論家の八木秀次は、「憲法」と翻訳される英語の"constitution"という言葉は本来、「国柄」という意味を持ち、したがって憲法はその国の「国柄」を反映していなければならないと主張する。それでは日本の「国柄」とは何か。八木は「国柄」を明確に説明していないのだが、八木の著書を読むと、どうやら〈天皇は主権を有するが実際には行使はせず、現実の政治を超越した存在として国民を統合する〉ということらしい[11]。他方で別の場所では、現行憲法の前文は「我が国二千年来の歴史を継承し発展させたものではなく」、むしろ「政府の行為によって再び戦争の惨禍が起ることのないようにすることを決意し」の部分によって過去を否定、反省の対象にしているので歴史の連続性が完全に否定されている、とも述べている[12]。

それでは、八木のような「国柄」論が「論点整理」にそのまま取り入れられているのかといえば、どうもそうではなさそうである。というのも、国会や自民党の憲法調査会で使われている「国柄」という言葉の意味が非常に曖昧なのである。例えば憲法調査会で使われた「国柄」の内容をいくつか見てみると、「伝統、文化といった「建国の体」」「我が国の文化、アイデンティティ」（平井卓也・自民党）、「現憲法の制定時、GHQの占領下において置き去りにされた歴史、伝統、文化に根ざした我が国固有の価値」「日本には、古くから命を慈しみ、平和を愛するという「国柄」

11　八木秀次『明治憲法の思想』（PHP文庫、二〇〇二年）

12　八木秀次「日本国憲法には「日本」が足りない」（『月刊自由民主』六一四号、二〇〇四年）五七頁に加えて、先の大戦の悲惨な教訓を未来に活かすという「国柄」がある」（保岡興治・自民党）といった具合なのである。ただし、自民党憲法調査会会長の保岡興治は、あるインタビューで「「論点整理」の「国柄」は戦前の「国体」のことではないのか」という質問に対し、「簡単にいえば国のアイデンティティー。日本の民族、二千有余年の長い歴史の中で培ってきたいいものです。たとえば天皇制度などは日本の歴史の伝統文化の最たるものです。象徴の方向性に国民が喜怒哀楽し、敬愛の情を表したりする天皇制というのは、ほかの国にない見事な文化だという評価を世界からされています」と答えている。[13] それこそまさに戦前の「国体」ではないのか、という気がするが、ともかく保岡は天皇制を「国柄」の重要な要素であると考えているようである。それでは他の議員はといえば、あまり内容を深く考えずに用いている者が多く、漠然と「戦後失われつつある良き日本の歴史と伝統と文化」といった意味合いで使っているようである。

これまで公表されてきた自民党の改憲案にも「日本の伝統と歴史」はしばしば盛り込まれてきた。[14] 例えば「わが国の歴史と伝統を尊重し、国民の意思に基き、自主的憲法を確立する」（一九五四年・自由党「日本国憲法改正案要綱並びに説明書」）、「長い歴史と伝統にもとづいて築き上げられてきた祖国」（一九八二年「自民党憲法調査会中間報告」）、「歴史を学ぶべきである」（一九九三年・自民党憲法調査会「中間報告」）といった具合である。したがって「論点整理」を見て、突然復古的なものが現れたと即断すべきではない。

さて、八木は現行憲法のような「自国の過去を専ら否定の対象としか見ない憲法は世界にほと

13　高橋哲哉＝保岡興治「選挙直前憲法激論」（『週刊金曜日』五一三号、二〇〇四年）一七頁、高橋哲哉『教育と国家』（講談社現代新書、二〇〇四年）第三章

14　渡辺治編『憲法改正の争点』（旬報社、二〇〇二年）

んど例がない。どのような国であっても……必ずといっていいほど国家の連続性を重視している」と述べている。[15] しかしアメリカやフランスのように、憲法前文に自国の「伝統や歴史」が出てこない国も多い。そもそも他国が前文に歴史を書き入れるから日本も、というのはかえって自主性に欠ける主張ではないのかという気もするが……。それはともかく前文に歴史を盛り込む国がそれなりに存在することも事実である。なぜ憲法に歴史を書き入れるのだろうか、そしてそれはどのような効果を生むのだろうか。そのヒントは「論点整理」にある。

●「愛国心」と教育

「論点整理」は「新憲法では、基本的に国というものはどういうものであるかをしっかり書き、国と国民の関係をはっきりさせるべきである。そうすることによって、国民の中に自然と「愛国心」が芽生えてくるものと考える」と述べている。

憲法前文を用いるかどうかは別にして「愛国心」を国民に抱かせようとする試みは多くの国家によって行われている。平時はともかく、戦時においては「国民」に多大な犠牲を強いることが必要であり、そのためには自分が「国民」であるという意識、そしてさらには国のために進んで命を捧げるような「愛国心」が欠かせない。だが、そもそも国を愛するかという問題以前に、自分が「国民」であると自覚すること自体、そうあるものではない。家族、隣近所、村、町といった小規模なレベルの共同体に比べて、国家に属しているという感覚は自然には生まれにくい。し

15 八木秀次「日本国憲法には「日本」が足りない」(『月刊自由民主』六一四号、二〇〇四年)五七頁

たがってそこには「教育」というプロセスが必要となる。ここでいう「教育」は子どもに対してだけではなく、大人に対しても行われる。国家は形として見えにくいし、そもそも現実に存在するのかどうかもよくわからないため、国旗や君主（天皇）といった「象徴」によって国家を可視化させたり、国歌をみんなで合唱して「国民」としての一体感を感じさせたり、歴史を学び、祝祭日や元号を日々意識して生きることで国家の「継続性」（「論点整理」）を確認させることが絶えず行われる。

そして「日の丸・君が代」問題が学校現場において熾烈なのは、幼い時期の教育は人格形成に多大な影響を与え、なおかつ人々が義務として一堂に集合して同じ行為を経験する場というのは、徴兵制下の軍隊を除けば公立学校くらいしか存在しないためである。学校における「国民形成教育」とでも呼ぶべきものが重視されていることは、「国柄」という言葉が「論点整理」より先に、「新しい教育基本法を求める会」が二〇〇〇年九月十八日に政府や自民党に提出した以下の要望書の中で使われていたことにも現れている。

「古来、私たちの祖先は、皇室を国民統合の中心とする安定した社会基盤の上に、伝統尊重を縦軸とし、多様性包容を横軸とする独特の文化を開花させてきました。教育の第一歩は、先ずそうした先人の遺産を学ぶところから発しなければなりません。……（現行の…筆者）「歴史」の教科書は、その多くが偏った歴史観の持ち主によって書かれているため、日本の国柄や国民性についての正しい認識を与えない……」[16]。憲法前文の「改正」は教育基本法「改正」とセットである

16 新しい教育基本法を求める会「新しい教育基本法を求める会要望書」http://www.kyouikukaikaku.net/siryou.html

ことがよくわかる。

●「政府言論」としての教育

近年、日本の憲法学では「政府言論」という概念が論じられ始めている。[17] これはアメリカ憲法学における"government speech"という言葉を翻訳したものであり、文字通り「政府による言論」のことである。政府の記者会見などがわかりやすい例であるが、それだけではなく「公立美術館の展示」「図書館の本」「公教育の教育内容」などもまた「政府言論」に含まれる。これまで憲法学は検閲などの形で公権力が個人の思想、表現の自由を侵害することに主眼をおいてきた。だが豊富な資金と広範な権限を有する公権力の発する「政府言論」は、個人の言論よりもはるかに大きな力を持つ。したがって美術館や図書館では、学芸員や司書といった専門家が政府からできるだけ独立して、自己の責任（職責）で自由な思想や表現を確保することが必要となる。そして公教育もまた同様である。公教育は「政府言論」の一部であり、そして、「政府言論」それ自体が広義の「国民形成教育」であると言える。公立学校での「日の丸・君が代」の強制や、政府による教科書検定を争う裁判では、生徒や教師の思想・表現の自由だけでなく、「政府言論」からの自由もまた問題となっているのである。多数決によっても侵されてはならない権利を保障するのが憲法の役割だとすれば、「政府言論」はまさに憲法の真価が問われる問題である。

17　奥平康弘『法ってなんだ』（大蔵省印刷局、一九九五年）一八四頁以下、詳しくは蟻川恒正「政府と言論」（『ジュリスト』一二四四号、二〇〇三年）

●前文の「政府言論」化

だが、前文に「わが国の歴史、伝統、文化等を踏まえた「国柄」」を書き入れることは、憲法を「政府言論」そのものに変化させるだろう。なぜなら前文が「改正」されれば、公立学校での「日の丸・君が代」の強制や首相の靖国神社参拝などが、「憲法によって」正当化されることが予想されるからである。「国民形成教育」に抵抗する手段だったはずの憲法が、「国民形成教育」強制の手段となるのである。

確かに「歴史・伝統・文化」を全て否定すべきだとは思わないし、そんなことはそもそも不可能だろう。だが公権力が「歴史・伝統・文化」を口にすると、たいていロクな事が起らないのも事実である。例えば公権力が「歴史・伝統・文化の尊重」を叫ぶ時、「尊重」されるべき「歴史・伝統・文化」の内容はしばしば恣意的・事後的に「作られる」ものであり、公権力にとって都合の悪い「歴史・伝統・文化」は「なかったこと」にされるのが常である。

●論理を吹き飛ばす「歴史・伝統・文化」

さらに厄介なのは「歴史・伝統・文化」は内容に関係なくそれ自体強力な力を持つことである。政府による、「建国記念の日」(紀元節)、元号法、国旗国歌法制定の提案理由はそれぞれ、「明治初年以来七十余年にわたり祝日として国民に親しまれてきた伝統を尊重した」「元号は、国民の日常生活において長年使用されて広く国民の間に定着して」いる

「長年の慣行により、日章旗及び君が代がそれぞれ国旗及び国歌として国民の間に広く定着している」

というものであった。いずれも「伝統だから」「慣習だから」としか言っているに過ぎず、まともな「提案理由」とは程遠い。そもそも日本国憲法が保障する民主主義とは単なる多数決ではなく、多様な利害や信念を持つ人々が相手を説得すべく議論を尽くし、ギリギリの地点で妥協する制度のはずである。だが上記の提案理由には、「なぜ日の丸・君が代なのか」「そもそもなぜ国旗・国歌が必要なのか」ということを、人々に対して筋道を立てて説得しようという意思は全く欠けている。そして「日の丸・君が代」と切り離せないはずの戦争責任問題は都合良く忘れ去られている。「歴史・伝統・文化」の強さは、論理を吹き飛ばして、あるいは初めから論理を省略して自らを正当化する力にある。また、戦後も「日の丸・君が代」や靖国神社に対して少なからぬ人々が肯定的な感情を抱いていたということからも、公権力が作る「伝統」の根強さをうかがい知ることができる。[18] そして「万世一系」という「歴史的事実」に自らの正統性を有し、戦後も生き残った天皇制の強さはその最たるものであろう。

●最後に

一つ注意すべきなのは、「国柄」という言葉が意図するのは戦前の権威主義的天皇制国家そのものの復活ではないことである。「国柄」が叫ばれる背景には、（一）軍事大国化に伴って自衛官

18　田中伸尚『日の丸・君が代の戦後史』（岩波新書、二〇〇〇年）、田中伸尚『靖国の戦後史』（岩波新書、二〇〇二年）

及び銃後の士気を高揚させるための制度が必要となっていること、（二）新自由主義改革の結果、社会統合がかなりの速さで崩壊しつつあり、従来の企業社会的統合に代わる手法が必要とされていることがある。[19] 特に「青少年の犯罪増加」「治安の悪化」といった報道に日々さらされている人々にとって、「現在、わが国のさまざまな荒廃や制度面、社会面での行き詰まりは、法治国家である以上、その大本である憲法に必ず行きつくといっても過言ではない[20]」などという主張は受け入れやすいのではないだろうか。今、私たちの社会で何が起こっているのかを冷静に分析し、「論点整理」のような短絡的な主張に対抗することが必要であると思われる。

19 渡辺治『憲法「改正」はなにをめざすか』（岩波ブックレット、二〇〇一年）二九頁以下

20 平沼赳夫「悲願の自主憲法制定に心血を注ぐ」（『月刊自由民主』六一二号、二〇〇四年）一〇四頁

論点3

改憲派(支配者)はなぜ天皇制に執着するのか

天野 恵一

あまの やすかず
1948年生。パンフレット・エディター。『「日の丸・君が代」じかけの天皇制』(インパクト出版会) ほか。

●天皇の「元首」明記問題をめぐって

二〇〇五年三月二日に開かれた自民党の新憲法起草委員会の「天皇に関する小委員会」(委員長・宮沢元首相)は草案に天皇を「元首」と明記することを見送ることにしたらしい。

『朝日新聞』(三月三日)には、こうある。

「天皇の『元首』化について、この日公表された「論点整理」は『外交上、元首として遇されている実態に合わせるべきだ』との賛成論と、『象徴天皇制が定着しており、明記はかえって違和感を与える』との慎重論を併記した。／しかし、この日の議論では『復古調との批判を招く』『有権者が反発すれば選挙で勝てない』などの意見が相次ぎ、積極論は少数にとどまった」。

「天皇は、日本国の元首であり」とした二〇〇四年一一月一七日付で公表された「自民党・改正草案大綱(たたき台)〜『己《おのれ》も他もしあわせに』なるための『共生憲法』を目指して〜」が意図した象徴天皇のままでの「元首化」という路線は、その限りで、後退したようだ(この「たたき台」は、一応撤回されているが、新憲法起草委員会の論議の「たたき台」として使われているはずだ)。

復古調との批判をかわしたいがための方針ということらしいが、大日本帝国憲法への回帰(「復古調」)というイメージは、二〇〇四年六月一〇日付で発表された、自由民主党政務調査会の憲法調査会プロジェクトチームによる「論点整理」から、「大綱(たたき台)」まで全体を支配するものであった(「論点整理」の方には「元首」との明記はなかったが)。

その「たたき台」には以下のような注が冒頭の「はじめに〜基本的考え方〜」についていた。

「つまり、この憲法草案作成の基本的な姿勢は、復古的なもの（戦前回帰）ではなくて、徹底的な未来志向の姿勢なのであり、今日までの我が国の歴史を直視した上で、その悪しきを反省し、良きものは後生に伝えていこうというもの（歴史を全否定も全肯定もしないで、率直に歴史に学ぶ姿勢）であることを、ここで改めて強調しておく必要がある」

「復古的なもの（戦前回帰）」というイメージを与えないものを提示したいという願望は正直に表現されている。それは、天皇条項のみではなく「新しい国家像（憲法像）の理念」の全体のイメージについてである。

その意思は、そこにある、もう一つの注にこう示されている。

「憲法改正を話題にするときに、いまだに見られる『復古的』との誤解を完全に払拭するためにも、また、あくまでも今回の憲法改正が、現行憲法の『発展』であることを明記するためにも、現行憲法の三つの基本的原理は今後とも堅持すること（厳密に言えば『平和主義』などについては一部修正を加え提示するので『発展・維持』と表現）を劈頭で宣言したもの」。

その「宣言」の文章は、こうである。

「日本国憲法（昭和二一年憲法）は国民主権、基本的人権の尊重及び平和主義の三つをその基本的原理としている。この日本国憲法が、我が国の民主主義国家としての戦後の発展の基礎を再構築する上で非常に大きな役割を果してきたことについては、これを高く評価すべきであり、また、その三つの基本的原理については、今後ともこれを発展維持していくべきであることは、ここで改めて再確認しておく必要がある」。

絶対神聖天皇の軍隊による植民地支配と侵略戦争の拡大の歴史のゴールが大空襲であり広島・長崎への原爆投下による敗戦であった。こういう大日本帝国憲法体制がもたらしたものに対する国民的記憶。いくら時間が流れたとはいえ、これへの歴史的反省として、戦後、日本国憲法体制がうまれたという事実が、まるごと忘れ去られているわけではない。

だから、また天皇制を強化し、非武装（軍隊を持たない）平和主義の原理（九条）を最終的に破壊し、軍隊が戦争をしやすいように「国家緊急権」を復活し、人々の人権を踏みにじる戦争を合憲化しようという改憲プランを示しながら、それは戦後憲法を大日本帝国憲法に「復古」（回帰）するのではなくて、人権・平和・民主主義の戦後憲法の「発展維持」のためのものであると権力者たちは強弁し続けているのである。

もちろん、その改憲プランは百パーセント復古ではありえない。しかし、基本的には、どうしても大日本帝国憲法への回帰といった性格はまぬかれがたく示されている。

その点は九条（平和主義）と天皇条項の改悪に象徴的に示されているといえよう。

選挙をにらんで、「国民」の反発を恐れた自民党は、なんとか「復古」調の改憲プランという事実を少しでも隠すために、あえて「元首」化という明文規定を見送ろうとしているのである。

しかし、それは外交上は対外的に日本を代表する元首として天皇がふるまい続けている実態（戦後も一貫してそうさせてきた）を強化させることはあっても、国事行為として認めている儀礼的行為以外を天皇は行なってはいけないという戦後憲法（象徴天皇制）の原則的理念にそくして、それをあらためようというわけではまるでないのだ。象徴天皇は元首ではありえないという原則を事実として踏みにじりながら、元首としてふるまう象徴天皇という解釈改憲の論理を、そのまま「新憲法」に持ちこもうとしているのである。

いわゆる「逆コース」の時代、一九五四年の自民党憲法調査会の改憲案は天皇を元首として復位させるものであった。

渡辺治は、五〇年代の権力者の改憲構想について、このように整理している。

「第一に、この国家構想は、明治憲法典が構想する統治への文字通りの復帰ではなかった。——その意味では自由、改進両党『改正』案が強調したように、天皇の元首化も戦前の天皇主義への復帰ではなかった。そのような文字通りの復帰は、もはや不可能であった。にもかかわらず、この構想は、天皇制国家の権威的統合構造をモデルにして、そこにおいて存在した統治のうえでの技術や便宜を可及的に復活させようとするものであったこともまた間違いないところであった。統治の中心としての天皇の利用、地方行政における官選知事制、中央集権的警察、また政府にとって極めて便利であった緊急勅令、家制度の換骨奪胎した復活、などなど、こうした全面『改正』論に対して、革新勢力やジャーナリズムが『わが国政治を戦前の旧憲法時代に逆行させるもの』と批判したこともその限りで誤りではなかったといえよう（『毎日新聞』一九五四年十一月三日付）」[21]。

21 渡辺治『日本国憲法「改正」史』（日本評論社、一九八七年）

個々の「改正」プランのすべてではないが、五〇年代の権力者たちの「改正」へ向かう政治意志の基本的なところは、現在のグローバル経済への対応を急ぐために構想されている「論点整理」や「たたき台」の全面改憲構想と、かなり共通するものであったのだ。

この五〇年代の改憲プランは、六〇年日米安保条約改定に対する激烈な民衆の反対運動の時間をくぐり、高度成長が進展する六〇年代に、かつてのような支配のシステムの復活は不可能であることを意識した支配者によって新たな改憲構想につくりかえられることになる。

小林武は、この点について、以下のごとく整理している。

「新安保体制が形成されるとともに高度経済成長が進むこの時期は、象徴天皇制を国民意識の過半が支持するに至ったとの認識の下に天皇制運用が展開される。一九六四年の憲法調査会最終報告書も、天皇を元首に復位させる方針は後景に退きむしろ、現行憲法の象徴天皇が元首であるとの解釈に立った上で、そうしたものとしての現行天皇条項を堅持するという、いわゆる『解釈改憲』のコースを選んでいる。このような、象徴天皇制を定着させ、そのイデオロギー機能を国民統合をはかるにあたって重視するという選択は、その後今日に至るまでの天皇制運用の基本をなしているとみてよい[22]」。

結局のところ、「たたき台」で天皇の「元首」明記という五〇年代の構想に回帰した、自民党の改憲プランは、六〇年代以降つみあげてきた象徴天皇のままで元首であるという「解釈改憲」路線を、そのまま新憲法にも採用しようという方向へ転じつつある、ということなのだ。

22 小林武「天皇制論の50年」(樋口陽一、森英樹、高見勝利、辻村みよ子編『憲法理論の50年』日本評論社、一九九六年)

だから、軍隊を持たないと書かれている条文を、自衛のための力の保持は可能とゆがめて解釈する九条の「解釈改憲」。これと対応する、外交の舞台などで天皇を元首としてふるまわせるのは当然という象徴天皇条項の「解釈改憲」がもたらしている実態にこそ、私たちは注目しなければならない。元首規定なき「元首」とするトリックが、新憲法では自覚的に構想されているのでは、といえる。

「国事」という公的行為でもまったくの「私事」でもない皇室の行為（外交だけでなく、国体、海づくり大会、植樹祭などの全国「巡行」、国会の「お言葉」……）を「象徴天皇であるがゆえの公的行為」（象徴行為）という第三のカテゴリーをつくりだした学説（政府もこの理論で正当化している）が、こうした「解釈改憲」を支えてきた。

キチンと解釈すれば、「国事行為」以外の「公的行為」は許さないという原理が象徴天皇制には貫かれているはずである。この違憲の行為を合憲とする（大日本帝国憲法下の皇室の習慣的行為を、そのまま正当化する）ための「公的行為」論を前提に、自民党は新憲法の天皇条項を構想しているのだ。この点においては「論点整理」「たたき台」と「新憲法起草委員会」の論議は、まったく共通しているのである。

だから「元首」という明文規定が後景化したから、「復古」にブレーキがかかったと安心などしていられないのである。

それに「論点整理」や「たたき台」の改憲プランには、五〇年代の改憲プランにすらなかった

「復古」的な内容が示されていたのである。
「天皇の祭祀等の行為を『公的行為』と位置づける明文の規定を置くべきである」（「論点整理」）。
「たたき台」の方は、もっと具体的に「一、象徴としての行為（例えば国会開会式でのお言葉、認証官任命式への臨席、外国訪問、歌会始の主宰、災害見舞いなど）／二、皇室行為（例えば皇室内部の諸行事の実施、宮中祭祀の主宰など）／天皇は、この憲法の定める国事に関する行為及び公的行為のみを行い、国政に関する権能を有しないものとする」。

違憲な行為を合憲とするための「解釈改憲」のロジックを、憲法に明文化しようというわけである。そして、「現人神」天皇の「祭祀権」をも公的行為として復活させようとしているのである（この祭祀権〈「国柄＝国体」〉の復活という大問題については、私は「「現人神」の「象徴天皇」とは何か」[23]で、ややこまかく論じている）。
「神権天皇」の復活である、それでも象徴天皇制のままであると強弁しながらの。

この重要な問題を、マスコミは、この間まったく無視してきており、新憲法起草委員会で、この問題が、どのように論議されているかについても、まともに報道していない。

私たちは、五〇年代の、もっとも「復古的」な改憲プランの中にすらなかった、この天皇の祭祀権の公的復活論にこそ注目すべきである（戦後憲法は皇室祭祀は天皇家の純粋の「私事」にとじこめて「政教分離」の原則と形式的整合性を保ったのである。もちろん国家の象徴一族の「私事」としてであれ、それを延命させたこと〈宮中祭祀の中で天皇は神としてふるまい続けたこと〉

23　天野恵一「「現人神」の「象徴天皇」とは何か」（『技術と人間』、一・二月合併号、二〇〇五年）

の結果が、「公事」としての祭祀の復活を保障してしまっている点を忘れるべきではない）。それは戦後憲法の内包した自己矛盾が公然化するかたちで突出してきているのである。

●立憲主義と天皇制

さて、改憲派は何故、天皇制（の強化）にこのように執着し続けてきたのか。これが、私のここでのテーマである。

そもそも近代に憲法はなんのためにつくられたのか。杉原泰雄は近代立憲主義の内容上の特色を次のように論じている。[24]

「第一に人権の目的性と権力の手段性を肯定する。前近代においては、国民は、もっぱらに政治の客体であった。しかし、近代市民憲法においては、立法権によっても侵すことのできない人権（自然権）の主体となることによって、政治の目的に転化している。権力とその担当者は、目的ではなく、国民の人権保障のためにのみ存在が認められる」。

「第二に国民主権と権力分立制の導入である。近代市民憲法は、目的としての人権保障とならんで、手段としての権力のあり方について、二つの原理を導入していた。第一は国民主権である。権力を国民の所有物とすることによって、それが国民の利益のためであることを確認し、権力担当者のためのものでないことを明らかにする」。

「第三は、権力分立（三権分立）である。国民の所有する権力を政府が行使するさいに、そのあ

24 杉原泰雄『憲法――立憲主義の創造のために』（岩波書店、一九九〇年）

り方を定める原理である。権力をその作用の性質に応じて、具体的な政治の基準となる法律を制定する権力（立法権）、法律を適用して具体的な法的紛争を裁判する権力（司法権）、法律を裁判以外の面で個別具体的に執行する権力（行政権）の三つに分け、それぞれ異なった独立の機関に分担させ、各機関の間に抑制と均衡（checks and balances）の関係を求める原理である」。

人びとひとりひとりの個人の人権を守るために国家権力は存在しているのだから、権力がそのために行使されるように権力者を拘束し、権力の濫用をチェックするために憲法がつくられた。

これが近代の立憲主義の基本精神である。

もちろん、この立憲主義の精神と対立的な憲法もつくられてきた。

それはアメリカやフランスのような市民革命によって近代化したのでない、可能な限り旧いものを温存しようとした「上からの近代化」コースをたどった近代国家の憲法であると杉原は論じ、彼は、それを「もう一つの立憲主義――『外見的立憲主義』――」と名づけている。

ここで、杉原が具体例としてあげているのはプロイセン憲法と、大日本帝国憲法である。絶対神聖な「現人神」天皇を主権者とする大日本帝国憲法は、天皇＝国家の神聖さを強調し、国家権力を支配者が恣意的に濫用するのがあたりまえで、人々の人権は、当然のごとく踏みにじられる。「権力を国民のためのものとする力が弱い」この「外見的立憲主義」は、支配者たちにとっては、まったく都合いいものだったのである。

天皇の絶対化は国家の絶対化であり、それはその天皇を使って権力をふるう支配者たちの絶対化に連動する。

「お上は絶対」は、人々を好き勝手に抑圧し支配する体制をつくりだすには、ひどく都合のいいイデオロギーなのである。

ここに、日本の権力者たちの大部分が、一貫して天皇崇拝主義者であり続けた根拠があるのだ。

「たたき台」の「はじめに〜基本的考え方〜」には、こうある。

「そもそも二一世紀における現代憲法は、国家と国民を対峙させた権力制限規範というにとどまらず、『国民の利益ひいては国益を護り、増進させるために公私の役割分担を定め、国家と地域社会・国民とがそれぞれに協働しながらも共存する社会をつくっていくための、透明性のあるルールの束』としての側面をも有することに注目すべきである。そういう実質を伴った国家／社会を構築してはじめて『品格ある国家』となることができ、国際社会において尊敬され、名誉ある地位を占めることができるのである」。

「権力制限規範」という立憲主義の原則に「とどまらず」と言っているが、「国益」で国家と国民が一体化しているのだから相互の「役割分担」を決めようという論理は、立憲主義の放棄ないしは大きな修正の提案を、明示的にではなく語っているのである。

この権力者の「品格ある国家」とは、軍隊や警察の暴力を使いほうだいの権力者が人々の人権をオモチャにして高笑いするのを見て、その「笑い」が上品だと感ずるような人間の「品格」によって支えられるものである。なんとも下劣な「品格」である。

それなりの「立憲主義」の精神によって支えられていた戦後（日本国）憲法を「外見的立憲主義」の方に転換する過程で、天皇制の権威が強化されようとするのは必然である（もちろん、大日本帝国憲法への復古が果されるわけではない。それは天皇が主権者とされるわけではなく、主権者は国民という立憲主義のタテマエにまでは手をつけない改憲プランであることに象徴されている）。

結果的に考えてみれば、象徴天皇制は、戦後憲法の中にうめこまれた、それを「外見的立憲主義」に転換するための大きなテコだったのである。

この象徴天皇の政治的権能を拡大し、宗教的権威をさらに公然と強化することができれば、立憲主義は内部から崩壊してしまうのである。

「公的行為」による合憲化の論理自体が戦後憲法を内部から破壊し続けてきたのである。

小林武は、さきにふれた論文で、こう語っている。

「天皇のしている国事行為以外の公的行為について、それは象徴としての地位から『にじみ出てくる』ものだと説明されるとき成程言い得て妙という気がする。たしかに、それは（そして天皇制自体が）『得も言われぬ無定型《アモルフ》なもの』たる側面をもつものであって、またそうであるがゆえに、国民の主権者意識・民主主義的価値観、人権感覚、平和主義の思想と感情を、『つぶすというのではなくてむしろ磨滅させる機能、あるいはそれらの意識の成長を阻害させる機能』を絶えず営んでいるのである」。

「公的行為」という独自のカテゴリーをたてることで進められてきた解釈改憲の拡大は戦後（日本国）憲法を内部から破壊する作業の深化でもあったのだ。明文改憲はそのゴールである。「論点整理」や「たたき台」に示された「皇室祭祀」までも「公的行為」として認めようというプランは、戦後憲法の内部からの破壊の完了をつげる宣言であり、それが事実上新たな「外見的立憲主義」憲法づくりとなるのは必然である。

新憲法起草委員会で、この祭祀権の公的行為化は、どうなるかはまだハッキリしていない。こうした改憲プランが、そこでも採用されれば、「現人神」の「人間（象徴）天皇」制という、とんでもない欺瞞的な制度を公然と浮上させようということになる（元首規定同様、明記しないでいくという可能性もある）。

とにかく立憲主義を内部から破壊する装置であった象徴天皇制を強化する改憲プラン（すなわち新たな、「国民主権」をかかげた欺瞞度の高い「外見的立憲主義」憲法という第三類型の憲法づくりが進められていることだけは、まちがいない。

日本の支配者は立憲主義の拘束を取りはらい、人々を好き勝手に支配しようと思うのなら、天皇制を強化すればよい。これが日本の恐ろしい政治的伝統である。支配者の改憲派が常に天皇制の強化に執着し続けてきた根拠はここにこそあるのだ。

論点４

戦争放棄条項をめぐる改憲論とその問題点

山口　響

やまぐちひびき
1976年生。一橋大学院生。渡辺治・和田進編『講座 戦争と現代５』（大月書店）に反戦運動の論文を執筆。

改憲論議にとって、第九条（戦争放棄条項）が決定的な重要性を持っているということに関して、大方の異論はないだろう。さまざまな改憲案は、日本をいったいどんな形で「戦争のできる国」に変えようとしているのか。そして、私たちはなぜ「軍事の論理」を拒否し抜いていくべきなのか。九条問題に対する考え方をいくつかに色分けしながらみていこう。

●明文改憲――対米協力・国際貢献・専守防衛

憲法第九条ほど、「解釈改憲」という形でその精神をないがしろにされてきた条項も珍しいのではないか。しかしながら、九条が（というよりそれを活かす平和運動が）戦後日本の過度の軍事化に一定の歯止めをかけてきたこともまた事実である。だからこそ今、九条を明文上でも変えたいと願う人々がうごめいているわけだ。

この明文改憲論は、以下で説明するようにさまざまなバリエーションをもってはいるが、あるひとつの点で共通している。それは、「国際紛争」解決の手段としての戦争と武力による威嚇または武力の行使を否定している現行の第九条一項には手を加えず、戦力の不保持・交戦権の否定について定めた第二項の改変にのみ焦点を定めているという点である。要するに、改憲派の狙うところは、第一項を残すことによって、「侵略戦争は決してやりませんよ」という外観を保ちつつ、第二項改変によって実際には戦争を遂行しうる体制を整えることなのである。

(1) 対米軍事協力の強化

すでに渡辺治が明らかにしてきているように、九〇年代後半からはこの手の主張が主流となってきている。[25] 現実には、新ガイドライン(一九九七年)、周辺事態法(一九九九年)、テロ対策特措法(二〇〇一年)、イラク特措法(二〇〇三年)などといった形で「解釈改憲」が着々と進められつつあり、アフガン戦争では、米国をはじめとした複数国の艦船への給油という、国際標準からすれば集団的自衛権の行使としかいえないような事態も起こってしまっている(米国の報復行為が「自衛」という合法的カテゴリーに入るという前提での話だが)。しかし、内閣法制局の憲法解釈によれば、日本は「集団的自衛権を保有していても行使できない」ということに未だになっており、おおっぴらに対米協力を実行したい人々にとっては、実に不満な状態が続いている。

しかし、いうまでもなく、「対米協力のため」などということを憲法に書き込むわけがない。現実には、「集団的自衛権」が容認されるという形になる。たとえば、自民党の「憲法改正草案大綱(たたき台)」(二〇〇四年一一月)では、「個別的又は集団的自衛権を行使するための最小限度の戦力を保持する組織として、法律の定めるところにより、自衛軍を設置するものとすること」(第八章第二節1)と明確に述べられている。日本経団連の「わが国の基本問題を考える」(二〇〇五年一月)もまた、集団的自衛権行使の旨を明記すべきと主張している。一方で、「自衛権」と言ったときには当然「個別的」「集団的」の両者を含むから、あえて集団的自衛権を明記する必要はない、との意見もある。

25 渡辺治編『憲法改正の争点』(旬報社、二〇〇二年)

「対米協力」といっても、アメリカに協力することそのものが目的ではない。それが日本の国益になるという判断があくまで大前提である。この数年は、この「国益論」が臆面もなく表現される場面が次第に多くなってきたようにみえる。民主党の若手・前原誠司（「次の内閣」ネクスト防衛庁長官）は、自民党はアメリカのご機嫌を窺っているだけだと嘆きつつ、基地とお金を提供して守ってもらうだけの「非対称的、従属的な関係から脱却する必要」があると力説し、日本の国益に沿ったミサイル防衛やシーレーン防衛の可能性について威勢よく語る。[26] こうした国益論はまた、この後で説明する「国際貢献論」との関係においても現れる。例えば、安倍晋三・自民党幹事長代理は、自衛隊を国連軍に送り込むことは国家資源の有効活用にならない、と述べている。[27] 経済同友会の憲法問題調査会委員長として改憲提言（二〇〇三年四月）をまとめた髙坂節三の場合はもっと露骨で、「一番私が心配するのはシーレーンの確保」と述べ、さらには、（二一世紀は）「今までの国民国家の世界から、もう一度、帝国主義的な時代に変わっていくと思うんです」と語っている。[28]

結局のところ、対米協力を通じて明文改憲派が守ろうとしているのは、私たちの「命」ではなく、戦後を通じて多くの日本人が経験してきた「（物質的に）豊かなくらし」の方なのである。だから、アメリカとの軍事協力を拒もうとするならば、イラク特措法などの一連の法律や憲法改悪、米国への基地提供といった狭い意味での支持や協力を拒むのみならず、私たちの生活そのものをある程度格下げする覚悟も必要となってくるのだ。もっとも、その負担はもっぱら社会的強者が担う

26　前原誠司「憲法改正は、実態的ニーズをもとに実現する」（『諸君！』二〇〇三年九月号）

27　安倍晋三「第三の憲法を白紙からつくりたい」『論座』（二〇〇四年二月号）一七頁

28　髙坂節三「憲法を改め、ウソの文化と決別せよ」（『論座』二〇〇三年七月号）八九、九一頁

べきだが。

(2) 国際協力・国際貢献

もうひとつ、明文改憲論の中でよく表れてくる主張が、国際協力・国際貢献である。これは、湾岸戦争以降九〇年代半ばまで大流行し、現在は市民の意識としてかなりの程度定着したものと思われる。現に、近年のほとんどの改憲案が、必ずと言っていいほど国際協力について一言している。

しかし、一口に国際協力といっても、それにはさまざまなレベルがある。

第一に、国際連合による集団安全保障がある。九〇年代前半に、自衛隊海外派兵のための最も手頃なイデオロギーとして利用された。しかし、九〇年代中盤の国連PKO「平和執行部隊」構想の失敗や、米国等のイラク侵略時に国連が米国の望むように機能しなかったことなどもあり、近年では集団安保に対する熱はかなり冷めている。自民党「論点整理」(二〇〇四年六月)、民主党「中間報告」(二〇〇四年六月)では集団安保について明記されているものの、日本経団連、経済同友会、日本商工会議所といった各種経済団体の提言では、「集団安保」の文言は出てこない。

第二に、テロ、麻薬取引・人身売買などの国際的組織犯罪、海賊などさまざまな犯罪行為に対する取締りという側面での協力である。こうした「危機管理」的な国際協力が、「九・一一」テロによる後押しを受けてますます加速していることはいまさら言うまでもないだろう。第一の点もそうなのだが、この第二の点においては特に、米国との協力という要素が大きい。つまり、「国際協力・貢献」といっても、実際には対米協力的側面を多分に含んでいるのである。

だからといって、対米協力と完全にイコールの関係にあるというわけではない。なぜなら、「国際協力」という言葉の口当たりのよさにはそれ自体で意味があるからだ。しかし、この、いかにも「全世界が一致している」という外観を作り出している「国際協力」なるものを、そのまま受け入れてしまってよいのだろうか？　私はそうは考えない。

第一に、国連による集団安全保障といっても、結局は「軍事力で安全を守る」という発想のたまものである。主権国家が単独または合同でやっていることが、単に国連という超国家の指揮下に入るというだけのことなのだ。イラク戦争が米国主導ではなく、国連安保理のバック・アップを受けて遂行されていたのなら、より「人道的な」戦争になったと言えるだろうか？　イラクを占領するのが米軍ではなく国連軍だったらファルージャの虐殺はなかったなどと誰が断言できようか？　どんな旗の下にあるものであれ、どんな手続を経て派遣されたものであれ、軍隊は軍隊である。好むと好まざるとにかかわらず、それはどこまで行っても人を殺傷するための組織でしかない。

第二に、国際法という狭い視点から見ても、「危機管理」の位置づけは極めてあいまいであり、違法の疑いをまぬかれない。現在の国際法においては武力行使は原則禁止であり、国連の集団安全保障と、国連安保理が何らかの措置を取るまでの間の暫定的な権利としての個別的・集団的自衛権が認められているだけである。しかし、改憲派の議論の中では、この大原則がいとも簡単に忘れ去られて、軍事力によって大概の国際問題が処理可能であるかのような幻想が撒き散らされている。だが、たとえば、アメリカがある国のコカ畑を焼き討ち、新憲法のもとで日本軍がこれに加勢するといった場合、国際法上果たして合法になるのだろうか？　日本で憲法が改正されてしまったら、そうした国際法上の議論も深めないまま、とにかく「国際協力」と言いさえすれば何でもオーケーといったなし崩しが十分予想される。

第三に、より重要な批判として、「危機管理のための国際協力」というイデオロギーは、国境の内外を貫いて社会総体の軍事化・暴力化を招く、ということが挙げられる。米軍は、同盟国軍との相互運用性（インターオペラビリティ）を高めようと長年の努力を続けている。各国警察・法執行機関のグローバルな協力体制も着々と築かれつつある。日本においても、戦後ずっと対立してきたと言われている自衛隊と警察の協力が、まずは図上演習などのレベルから進められており、「国民保護」を口実として自衛隊と地方自治体の関係がより密になりつつすらある。大事なことは、このような社会の軍事化の中で最も犠牲になるのは、またしても「周辺化された人々」だということである。テロ対策を口実に、移民・難民（その中でも特に経済的な意味で技能のない人々）はますます暮らしにくくなっている。軍事基地・原子力発電所などの近隣住民が、テロ対策で日常生活に支障をきたす局面も出てくるだろう。「危機管理・セキュリティ」のイデオロギーは、一部の特権的な人間が一方的に認定した「危険」の処理のために、全社会が追従を余儀なくされるという点で、本質的に反民主的なものだと私は考える。

(3) 専守防衛+シビリアン・コントロール

さて、(1)(2)はもっぱら自衛隊の海外派兵をもくろむものであった。それに対して、「専守防衛論」は、自衛隊の存在を憲法上いったん認めた上で、その活動範囲を日本国土の内部に収めるというものである。この専守防衛論は、日本国内外の市民の、「日本軍」復活に対する疑念を解くという目的のために打ち出されていることから、同じ目的を持った「シビリアン・コントロール(文民統制)」の主張と組み合わされることも少なくない。

かつての「平和基本法」[29]グループの一人である山口二郎(政治学者)がそうした主張を行なっている一人である。[30]私がここで考えてみたいことは、そもそも「シビリアン・コントロール」なるものが成立しうるのか、という原理的な問題である。以下で二点述べる。

第一に、ここ数年日本で現に起こったことは、むしろシビリアン・コントロールを空洞化させるような出来事ばかりであった。二〇〇四年一二月には、陸上自衛隊の幹部が、自民党憲法調査会の中谷元・改憲案起草委員長(当時)からの要請を受け、改憲案を提出している。また、二〇〇二年から〇四年まで防衛庁長官だった石破茂は、防衛庁の背広組(内局)と言われる参事官制度(防衛庁各局の局長からなる)を見直して、制服組が内局と対等の関係になるようにしようと試みた。石破は、国民に対して責任を負ってもいない無能な役人が支配するのはおかしい、政治

29 九三年に雑誌『世界』誌上で当時護憲派の学者たちが行なった提言。自衛隊の存在を憲法上認めた上で「最小限防御力」として極小化し、一方で、集団的安保機構の確立に努力する、としている。

30 山口二郎・中川正春・小林節・山口富男・福島瑞穂・佐高信「だから改憲、だけど護憲(座談)」(『論座』二〇〇四年七月号)

家がきちんとコントロールすべきだ、しかし自衛官もまたきちんと意見を述べなければ、シビリアン・コントロールは成立しない、と主張している。[31] 何しろこの人たちは、どう見ても「自衛隊違憲」としか読めない第九条の下ですら、着々と軍事大国化を進めてきた人たちである。自衛隊の存在を認めた上で憲法に「歯止め」を書き込んだところでどうなるものか。

第二に、もっと根本的な問題として、「セキュリティ」の論理そのものが、民主的統制をはね返してしまうのではないのか。シビリアン・コントロールを主張する人々は、成熟した市民が軍隊に「歯止めをかける」という点に関して極めてナイーブに見える。安倍晋三は、改憲への疑念の声に対して、私たちの民主主義がそんなに信用ならないのか、と反論する。[32]

しかし、私たちが実際目にしてきたものは、「国家の安全保障にかかわる」というマジック・フレーズによって、オープンな討論や情報の公開が妨げられ、軍隊に関わるものに特権が与えられてきた、という歴史ではなかったか。それは日米地位協定を見ても明らかだし、二〇〇一年の改正自衛隊法には、八〇年代にはあれほど反対運動のあった「スパイ防止条項」(防衛秘密の漏洩に関する処罰規定)がこっそりと挿入されてしまった。こうしたことをみるにつけ、「セキュリティ・安全保障」の論理そのものが著しく非民主的であり、「シビリアン・コントロール」などというものは画にかいた餅なのではないか、との思いを強くする。

やはり、軍事的なものは徹底的に拒否する以外ないのだ。「専守防衛+シビリアン・コントロール」の考え方は、社会が非軍事化する過程において、あくまで経過的な状態として価値を見出せ

31 石破茂『国防』(新潮社、二〇〇五年)、石破茂・潮匡人「自衛隊に活路はあるか——〝法治国家〟という逆説の苦悩」(『正論』二〇〇四年三月号)

32 安倍晋三「第三の憲法を白紙からつくりたい」『論座』(二〇〇四年二月号)

るに過ぎないと私は考える。

●継続する解釈改憲

現在では、解釈改憲それ自体に最大の価値を置くような主張をする者はほとんどいなくなった。改憲派はほぼ何らかの形で「明文」の改憲の必要を認めている。しかし、明文改憲が成るまでの間、緊急避難的に解釈で九条を空洞化させるということは実際に行われているし、それがさらに求められてもいる。

（1）集団的自衛権容認論

すでに述べたように、政府解釈では、集団的自衛権の行使は認められていない。しかし、中曽根康弘・元首相や石破茂・前防衛庁長官、前原誠司、経済同友会提言のように、現憲法下においても、集団的自衛権の行使は可能だとする見解は多い。

（2）「超法規」論

明文改憲を待つまでもなく、何か非常事態が生じたら、超法規的行動によって国民の安全を守ればいい、という開き直った立場である。石原慎太郎がその代表である。[33]

●条文擁護派

ここでいう「条文擁護派」とは、別に一つの集団としてまとまっているわけではないが、明文

33　石原慎太郎・佐々淳行「国難は、憲法を超える」（『諸君！』二〇〇四年二月号）

改憲を阻止し、とりあえず九条の文言が守れればそれでよし、とする立場のことである。筆者自身も、きわめて最近平和運動に関わるようになった者として、従来からの運動にこのような傾きがあったと感じることがないわけではない。しかし、改憲についての国民投票を提唱している今井一氏が、護憲派はただひたすらに九条の文言を墨守しようとするだけで真の闘いから逃げている、と主張していることに対しては、護憲派に対するひどい曲解だといわねばならない。[34] いわゆる護憲派は、九条の規範と現実との乖離について無自覚・無気力なまま、ただ九条という「紙切れ」だけを守ろうとしている、などということはない。今井氏に関しては、運動論の観点からまだまだ批判すべき点は多いが、それは別の機会に譲りたい。

34　今井一『「憲法九条」国民投票』（集英社新書、二〇〇三年）

●非軍事の思想

いま私たちが行うべきことは、明文改憲・解釈改憲の両方に反対することだけでもなく、単に九条の条文を守ることだけでもない。迂遠で困難なように見えるが、「自衛」というカテゴリーも含めて、全ての戦争を否定し、社会の軍事化を拒否し続けることである。

最後に、自衛のための武力行使ならかまわない、という意見のどこが根本的に誤っているか考えてみたい。

第一に、「自衛」と「侵略」をどうやって区別するというのか。侵略戦争を行うときにそれを「侵略」だと宣言する愚かな指導者はどこにもいない。常に、「自衛戦争」だとか「自国の」失地回復だとかいったことがその正当化理由として使われるのである。かつて大日本帝国は、不戦条約（一九二九年発効）を批准しておきながら、満州事変すら自衛戦争だといってはばからなかった。また、米国が行ったアフガン戦争やイラク戦争についても、自衛の名の下に強引に正当化しようとする向きがある。日本が今後こうしたことを行わないという保証はいったいどこにあるというのか。日本は米国と軍事同盟を結んでおり、この米国は世界中に軍隊を展開している。米国や日本の経済権益は世界中に散らばっている。こうした状況を考えるならば、海外の米軍や米企業が攻撃されたときに集団的「自衛」権の行使だと言い、海外の日本企業・日本人が攻撃されたときに個別的「自衛」権の行使だと言って、日本軍が世界中に進出（というより侵略）する、という事態は、「改正」された憲法の下では容易に起こりうるのではないか。

第二に問題としたいのは、国家は個別的・集団的自衛権を自然権として持っている、という考え方である。これは、「個人」には正当防衛の権利が自然権としてあり、したがって「国家」にも自衛の権利が自然権としてあるという、「個人」と「国家」の安易な比喩に由来した発想である。しかし、「個人」と「国家」は、そう簡単に対置できるものではない。「個人」と「個人」の関係ならば、相手に殴りかかることはほぼ誰でも瞬時にできるから、それに対するとっさの反応として正当防衛が認められているのである。しかし、「国家」は、そのように易々と戦争を行うことはできない。税金を集め、兵を雇い、装備を購入・維持し、基地を建設・維持し、前線に兵を送り、後方支援をし、国威を発揚し、戦死者を弔い、場合によっては反対者を弾圧し、といった長い長いプロセスを経て初めて、戦争を遂行することが可能となるのだ。非国家主体によるいわゆるテロリズムの場合でも、事情はこれとさほど変わらない。「個人」と「国家」の違いを無視した「自衛権＝国家の自然権」論は、戦争やテロにおいては、実際の遂行に到る長いプロセスの中で、それらを止め引き返すことができるポイントがいくらでもある、という現実を無視した机上の空論である。さらには、実際の戦争に到らない準備過程の中ですら、多くの人々が傷つく、という現実をも無視している。基地の周辺に住む人々が毎日どんな不安な思いをして暮らしているか、毎年五兆円もの大金を「防衛」費として使うことでいったいどれだけの貴重な資源が浪費されているのか、北朝鮮敵視政策を取ることで在日の人々がいかに差別の目に耐えながら過ごさなければならないのか、「自衛」権を容認する人々はよくよく考えてみるがよい。こうした、「システム」としての戦争の何たるかを知らない人々が、私たちの統治者として無邪気に「自衛」権行使の命令を下すかと考えると、身の毛もよだつ思いがする。

まとめていうと、私の言いたいことは、「自衛」戦争が始まるまでの過程で多大な犠牲が生じるし（逆に言うとこの犠牲が生じている現場こそが、この「自衛」戦争準備を止めるカギを握る場所となる）、「自衛」戦争がいったん始まってしまうと、それは容易に「侵略」戦争に転化しうる、ということである。

「自衛」であろうが「危機管理」目的であろうが、社会の軍事化に「ノー」を突きつけること、これこそが私たちのとるべき道なのである。

論点5

基本的人権をめぐる改憲論とその問題点

笹沼　弘志

ささぬま ひろし
1961年生。静岡大学教員・憲法専攻。「力と信頼」(『現代思想』2004年10月号)。

一　改憲論と人権

●憲法とは何か

　憲法とは何か。憲法を単に国の基本法とか最高法規としてのみ捉える見解自体が、改憲への地ならしをしている点に注意しなければならない。どんな国や社会にも、例えば奴隷制国家や専制国家にもその社会の基本的なルールは存在する。現在の改憲攻勢は、そうした観点から、憲法というものを単なる国の基本的ルールとして没価値的に捉えたうえで、どんな内容でも盛り込み得るものとみなすところから出発している。しかし、現在問われているのは、そういった意味での憲法ではなく、近代立憲主義的な意味での憲法である。つまり、人権を最高の価値、目的とし、国家権力を制約する規範としての憲法の原理自体を否定するのか否かが問われているのである。憲法とは、人権すなわち、わたしの自由を、みんなで守るという約束である。人権が目的であり、国家は手段に過ぎない。だからこそ、人権は国家権力を制約する原理となるのである。また、憲法という約束の主体、主権者人民と政府・国家との関係から捉えかえせば、憲法とは、国家に対する人民の命令である。

●自民党の改憲構想における憲法観の転換

　しかし、こうした近代的意味での憲法理念に対して、自民党は真っ向から挑戦し、新たな憲法の意義付けを試みている。自由民主党政務調査会憲法調査会の憲法改正プロジェクトチーム「論点整理」（二〇〇四年六月一〇日）は、「これまでは、ともすれば、憲法とは『国家権力を制限するために国民が突きつけた規範である』ということのみを強調する論調が目立っていた」が、「憲法とは、そのような権力制限規範にとどまるものではなく、『国民の利益ひいては国益を守り、増進させるために公私の役割分担を定め、国家と国民とが協力し合いながら共生社会をつくることを定めたルール』としての側面も持つものである」と憲法観を一八〇度転換させようとしている。

●改憲構想の人権論

自民党の改憲構想（「論点整理」及び「憲法改正案大綱」）は、憲法を共生社会のルールとして、国＝政府ではなく、むしろ国民が従うべきものとみなしている。国家を支配機構としてではなく、家族や共同体を基礎とする共生社会として描き出す役目を憲法に与え、国民の精神を規定し、日本人としてのアイデンティティを与え、国への愛国心を教え込む道具として捉えているのである。

国家を家族共同体のような愛の共同体とみなすことにより、国と国民との関係は、支配服従の関係ではなく、愛と奉仕の関係によって捉えられることになる。だからこそ、憲法は、権力制約というものではなく、共生社会のルールとして、国民みんなが尊重、遵守すべきものということになるのだ。権力制約規範から、国民制約規範への転換である。そして、人権という権利を国民が一方的に有し、国家がそれを保障する義務を負うという片務的関係の解体、さらにはその逆転がおこる。伝統に根差す「国柄」を有する共生社会においては社会連帯による「公益」への奉仕の責務が、権利に優先させられる。現在の日本社会は、近代憲法が立脚する個人主義を誤解し、権利ばかり主張する利己主義がはびこり、家族や共同体が破壊されてしまったとの現状認識を前提に、権利には義務が伴うこと、自由には責任が伴うことをしっかり教え込み、社会連帯の責務、家族を扶助する責務を憲法に明記すべきだというのだ。

●愛と連帯の強制

自民の改憲構想は、他者への愛や配慮（ケア）の心というものは自発的なものだからこそ意味があるのであり、またそもそも強制によっては生まれないという点を失念している。一九世紀から二〇世紀にかけて社会連帯に基づく憲法理論を展開したフランスのレオン・デュギが「権利」をエゴイスティックな形而上学的概念だと批判し、社会連帯の義務を強調したことはよく知られているが、デュギにおいては社会連帯の感情は社会の協同の中から自然とわき起こってくるものであり、国家により強制することなどできないものであった。[35] むしろ、社会連帯による社会進歩を阻害する国家、腕力による支配を厳しく制約することこそが、デュギにとって、憲法の最大の課題だったのである。自民の改憲構想と社会連帯の憲法理論とは、実は正反対のものだといってよい。

35　デュギー『法と国家』（岩波文庫、一九九六年）

●新しい権利と社会連帯の責務

ところで、当初九条改正への目眩ましとして主張された「新しい権利」というものにも、社会連帯の責務を背景とした意義づけが行われるようになっている。環境権、IT社会に対応した情報開示請求権、プライバシー権といった権利についても、環境保護の義務、プライバシー保護のための表現の自由制約が前提とされている。また、被告人（加害者）の人権保障に偏向した現憲法を是正し、犯罪被害者の権利を手厚く保障すべきであるというのも、実際に傷つけられた人々の尊厳や権利を尊重してのことではなく、むしろ報道統制や治安維持、異質な者の排除・抑圧といった意図が透けて見えるものである。

社会連帯原理からすれば手厚く保障されねばならないはずの社会権が、社会目的を定めたプログラム規定に格下げされ、権利性を否定されている点も、自民改憲構想の社会連帯なるものの本質を暴露するものである。例えば、教育は個人の権利ではなく、社会規範や良き習慣の教え込み、郷土と国への愛の強制プログラムに転換させられている。愛を語りながら、それを強制しようという卑しい意図を丸出しにしたものが自民の改憲構想である。

●改憲への土壌

そもそも、これまで自民党を含め、国民の間で、「国家権力を制限するために国民が突きつけた規範」という憲法理解が浸透してきたといえるのだろうか。むしろ、基本法だが、一般の法律と同じく、国民一般が従うべきものだと理解されてきたように思う。

近代的な意味での憲法観が日本社会で十分浸透してこなかったことには、憲法といえば九条のみが突出して強調されてきたことも影響している。憲法とは、人権保障を目的としており、国家権力を制約するものだという、人権理念、立憲主義の意義が、九条の意義に隠れがちであったのである。改憲問題を論ずるとき、九条をめぐる問題にのみ眼を奪われていると、改憲への下地作りがどのように行われてきたのかを見損なうことになりかねない。自衛隊が増強され、海外に派兵されることのみが改憲への地ならしなのではなく、むしろ、それ以上に危険な事態が、進行してきたともいえるのである。特に、東西冷戦構造の崩壊とグローバル化という世界的な枠組みの変容を背景として、日本国内で生じた五五年体制の崩壊と政界再編、産業構造の転換、空洞化、新自由主義的構造改革、そして国家主義という枠組みでは捉えきれない新たな治安国家・監視社会化への動きに注目すべきである。

九〇年代後半の立法動向を見ただけでも、オウム真理教への破防法適用挫折の挽回を狙った盗聴法、団体規制法の制定、国旗国歌法、改正住民基本台帳法など憲法上の人権保障理念を掘り崩す、重大な事態が展開した。その上に、武力攻撃事態法など有事三法、さらに有事七法が制定され、それまで有事には無関係であったような法令もすべて壮大な有事法体系に組み込まれることとなったのである。

有事三法（二〇〇三年六月）とイラク特措法（同年八月）が制定された前後の時期には、心神喪失者医療観察法や労基法改正、国立大学法人法など重要な法律が相次いで制定された。その中であまり注目されなかったものだが、少子化社会対策基本法（二〇〇三年七月）や健康増進法（二〇〇二年八月制定、二〇〇三年五月施行）は、一見穏健そうでいて、実は新たな権力行使を正当化するものであることに注意すべきである。少子化社会対策基本法は保育サーヴィスの充実などそれ自体積極的な意味を持つ施策を盛り込んでいるが、女性のリプロダクティブ・ライツの保障というより、国民の老後の安心を支えるはずの年金制度の破綻を回避するといった政策的意図が透けて見えるものである。不妊治療を煽るかのような規定が盛り込まれている点も問題である。しかし、より根本的問題は、第六条が、「国民は、家庭や子育てに夢を持ち、かつ、安心して子どもを生み、育てることができる社会の実現に資するよう努める」べきだと国民の責務を定めたことである。これは国民が「安心して子どもを産み育てることができる社会」を作る責務を有するというだけでなく、「家庭や子育て」それ自体を己の夢とすべき義務を課すものだ。そもそも、夢を持つことは、個人の幸福の一部であり、義務とされるべきものではない。にもかかわらず、敢えて一定の夢を持つことを国民に義務付けるのは、幸福追求権を保障する憲法一三条に違反する。

健康増進法は、学校、体育館、病院、劇場、百貨店、官公庁施設、飲食店その他の多数の者が利用する施設を管理する者に受動喫煙を防止するために必要な措置を講ずることを義務づけ（二五条）、やや乱暴な禁煙化が進められているが、それは、喫煙者を法逸脱者として非難するというだけでなく、監視の対象としつつある。個人の幸福の一つである健康を義務づけ、それを相互監視によって進めているのである。そして、死に至るまで健康を保ち、介護などで世話にならないように努めよというのがこの法の意図である。

国旗国歌法を契機とした、日の丸君が代の強制、これは国家主義イデオロギーの強制というだけではなく、とにかく意味もなく服従する習慣の教え込みである。園遊会で、東京都教育委員の米長邦雄が日本全国に日の丸君が代を徹底することが使命だと大見得切ったとき、天皇明仁が「強制になるようなことはいけない」と言ったが、これは日の丸君が代推進を批判したものでないのはいうまでもない。よりよい普及のさせ方、つまり、強制ではなく、教師や生徒たちが自発的に日の丸を掲揚し、君が代を歌うようにするためのよりよい権力行使の在り方を指示したものなのである。現在進行しているのは、この明仁の言葉に象徴されるように、単なる国家主義と言うよりも、人々の自発性、自己決定＝自己責任に依拠した権力行使の仕組みの整備なのである。こうした動きを総括し、意味づけし直すのが改憲論なのである。

二　日本国憲法とは何か

●人権宣言としての憲法と三位一体支配の解体

改憲論とどう闘うか。それを考える前に、そもそも、日本国憲法とは何であるのかを検討しなければならない。先に見たように、近代立憲主義的な意味での憲法とは、人権保障を目的とし、国家権力を制約するものである。しかし、日本国憲法には、日本に特殊な意義がある。それは、何よりもまず、日本における人権宣言である。

だが、日本において人権を宣言するためには、どうしても欠かせない三重の作業があった。それは、祭政一致の天皇制、国家神道、それを力で支える軍隊という三位一体の支配の解体である。[36] 天皇制軍国主義のもと、日本国民はアジア太平洋地域を侵略し、人々を傷つけただけでなく、自らの自由と生命をも喜んで投げ出す世の中を作ってしまった。自由を拒否し、連帯と奉仕の精神に満ちあふれた人々は、他者への慈悲心を持つどころか、強奪と殺戮を繰り返す野蛮な集団になりさがった。そうした、日本国民が自由になるためには、敗戦を経なければならなかった。その情けなさを高見順は次のように記した。

「生まれて初めての自由！　自国の政府により当然国民に与えられるべきであった自由が与えられずに、自国を占領した他国の軍隊によって初めて自由が与えられるとは、——かえりみて羞恥の感なきを得ない。日本を愛する者として、日本のために恥ずかしい。戦に負け、占領軍が入ってきたので、自由が束縛されたというのなら分かるが、逆に自由を保障されたのである。なんという恥ずかしいことだろう」[37]。

日本国憲法は、この情けない思いから誕生したのである。

自国の国民を自由にすることができなかった天皇制国家を解体し、国民主権を確立すること。

36　樋口陽一『個人と国家』（集英社新書、二〇〇〇年）一四三頁

37　高見順『敗戦日記』（文春文庫、一九九一年）二九六頁

人々の心を天皇と祖国への愛によって充満させ、命がけの奉仕に邁進させた国家神道を否定し、政治と宗教、宗教と学校とを分離すること。そして、国と天皇への忠誠を日常的に精神と身体全体を使って表現する軍隊を解体すること。それが日本における自由、人権の前提だったのである。この三位一体の支配解体の記念碑が、日本国憲法の一章と二章である。

祭政一致の天皇制を解体し封印することによって、人権保障の前提を築いたのが日本国憲法の一章なのである。従って、日本国憲法を一章を含めて護ることの意味は、祭政一致の天皇制を否定し続ける国民の努力を胸に刻み続けることにある。しかし、この封印を剥がそうとする人々の妄執も根強いものがある。それを象徴するのが、学校での日の丸君が代の強制である。支配者というよりも慈愛に満ちた天皇や祖国への愛の精神（国家神道）の象徴が日の丸君が代である。だから強制ではなく、自発的に掲揚され、斉唱されねばならないのだが、それを強制せざるを得ないディレンマを抱えているのが改憲派だ。こうしたディレンマを引き起こさせているのが憲法の封印の力なのである。

●九条改正の意図

なぜ、九条が改憲派の標的となっているのかといえば、単に自衛隊を軍隊として合憲化し、海外派遣の歯止めを無くし、国際貢献をして他国から「品格ある国家」として尊敬されるようになりたいという願望のみによるのではない。軍隊こそが、支配にとって決定的な魔力を有しているからなのである。権力に自発的に服従する主体＝臣民を作り出すための最良・最高の全能の武器が軍隊なのである。九条はそうした軍隊を解体し、支配の要を打ち砕き、国民の自由を創出するものであったからこそ、徹底して攻撃を受けているのだ。

従来、日本国憲法前文及び九条一項の国際平和主義については、国連憲章と共通の理念を掲げたものだとみなされることが多かったが、樋口陽一の言うように実は両者は根本的な違いを有している。国連憲章は、ナチス・ドイツ、ファシスト・イタリア、天皇制軍国主義日本を打ち破り、世界の平和と民主主義、人権を守り抜いたという連合国人民の力強い宣言なのである。だから、それは武力による平和を基調とした相対的平和主義をとっているのだ。

これに対して、日本国憲法九条は武力によらない平和、絶対的平和主義をとっている。それは、なぜかといえば、第一に、日本が行なったアジア太平洋地域に対する侵略への反省である。さらに、自らの自由と命を率先して投げ出してしまう体制をつくってしまい、連合国に負けるまでは侵略を止めることもできず、独裁を倒し、自らの自由を獲得することもできなかったことへの反省である。日本人は武力を持つことによって他者を傷つけただけでなく、自分をも傷つけ、自らの自由をも率先して投げ出してしまう情けない人間であるとの反省の上に、九条が設けられたのである。こうした九条を改正する狙いは、自衛隊を合憲化するということだけでなく、自由の否定にこそ、眼目があるのである。

リベラルな憲法学者の中にも、改憲への歯止めを意識してか、軍隊としての自衛隊が現在の九条によっても正当化されるという主張を行う論者がいる。[38]しかし、これは九条がもつ、自由、人権にとっての意義を完全に没却したものである。武力を持つこと自体が、自由とは相容れないということを、われわれの歴史が証明している。それは、また、武力による平和という国連憲章の理念を極端なまでに推し進め、世界の警察として自他共に認める米国が、現在、果てしのない戦闘を引き起こし続けていることを見れば、いやというほど分かるはずのことである。

武力というものは、日本人にとってのみならず、あらゆる人にとってロード・オブ・ザ・リングの指輪のような魔力を有しているのだ。それは、どんなことでもなし得る力を持っているという意味ではなく、それをもつ人、手に入れたいと手を伸ばした人自体を得体のしれない化け物に変えてしまう力を持っているということである。いくらでも人を支配できると錯覚させ、実際に他者を支配し、傷つけるだけでなく、自分自身の自由をも投げ出してしまうような人に変えてしまう。武力というモノは、それを手に入れた人をモノに変えてしまう恐ろしい魔力を持っているのだ。

38　長谷部恭男『憲法と平和を問いなおす』（ちくま新書、二〇〇四年）

三　憲法を護るとは？

さて、次に、改めて憲法を護るということは、どういう意味を持つのかを考えてみたい。日本国憲法には、第一章の天皇制もあれば、二章の戦争放棄、九条もある。従来、護憲といえば、とにかく九条を護れということに尽きていたといっても過言ではないが、そこには、二重の意味で欠けているものがあった。

第一に、国民主権とともに、象徴的なものとはいえ、天皇制を定めた一章というものをどうとらえるのか、その評価が回避されてきたということである。これについては既に述べたように、祭政一致の天皇制を否定し、日本における人権宣言の前提を創り出したという意義がある。だが、天皇制というものは侮りがたい強さをもつ。自民の改憲論は、国民と国の愛の共同体論を展開しているが、それは天皇制によって支えられているのである。現に、国民の多くが天皇家を憧れの存在として捉えている。そうした憧れの気持ちを表すとき、人々は日の丸を振り、君が代を歌う。白地に赤い丸が染め抜かれた旗を振り、君が代の歌詞を口ずさみながら、天皇と祖国への愛を身体で表現し、また、身体に刻みつけていく。自発的服従という、よりよい支配のための儀式が日々繰り返されているのである。しかし、日本国憲法一章を護るということは、そうした儀式を守ることではない。逆に、このような儀式を繰り返してきたからこそ、他者の自由を奪い、自らの自由を放棄するに至った歴史を想起し、天皇制の魔力からみずからの自由を守ることの難しさをかみしめることこそ、一章を護ることの意味なのである。

従来の護憲論のもう一つの欠陥は、日本国憲法が保障する最高の価値、人権そのものの意義の捉え損ないである。それは、日本国憲法の欠点、天皇制などを批判する立場、反「改憲」論的改憲論にも、共有されてきたものである。なぜ、日本国憲法を護るのか、あるいは、天皇制に反対するのか。それは、すべての人の自由を守るため以外にはありえない。改憲論が狙っているのは、憲法ではなく、人々の自由である。改憲に対抗していくわたしたちの闘いは、自由を守る闘いである。そして、わたしの生き様にあれこれと介入し、愛までも奪おうとしている権力に対して、抗い、みずからの生き様、自由を守る闘いを、正当化してくれるのが日本国憲法なのである。だからこそ、憲法を護る意義があるのである。憲法それ自体を護ることに意味があるのではなく、わたしたちの権力との闘いを正当化してくれるものが憲法だからこそ、それを護るのである。また、そうであるからこそ、とりたてて世界情勢や戦争を語らずとも、わたしたちが日常的に行っている権力との闘い自体が、憲法を護る闘いともなるのである。

論点6

改憲論の家族観

齊藤　笑美子

さいとう えみこ
1975年生。訳・解説『パックス——新しいパートナーシップの形』(緑風出版、2003年)。

●はじめに――攻撃される二四条

日本国憲法九条が、改憲派の主要な標的であることは周知の通りであるが、家族生活における個人の尊厳と両性の平等を定めた二四条も復古的改憲論による攻撃の対象であった。二〇〇四年六月に発表された自民党憲法改正プロジェクトチームの「論点整理」でも「婚姻・家族における両性平等の規定(現憲法二四条)は、家族や共同体の価値を重視する観点から見直すべきである」として、真っ向から否定の対象となっている。憲法調査会での議論においても、少なからぬ自民党議員が、二四条に対して呪詛に近い発言をしている。その趣旨は共通して、家族生活における個人の尊厳と両性の本質的平等について規定する憲法二四条が、「行き過ぎた個人主義」を生み、日本の伝統的家庭の美風を破壊したということである。続いて、これらの人々はどうやら、これが社会道徳の崩壊や倫理観の欠如につながり、犯罪の増加を招いていると言いたいようである。さらには、少子化対策の文脈でまで、家族的価値の再評価が持ち出されもする。本稿では、なぜ二四条がこのように改憲派によって九条同様に敵視されるのか、また、我々がなぜこのような二四条に対する攻撃を重大なものとして受け止め、批判しなければならないのかを考えてみよう。

●なぜ二四条が攻撃されるのか?

今日ではよく知られている通り、日本国憲法二四条は、当時二二歳であったベアテ・シロタ＝ゴードンの発案によるものである。幼少期を日本で過ごし、日本語を自由に操る彼女は、当時の日本女性が置かれていた従属的な状況に心を痛め、彼女らが最大限の権利と自由を享受できるようにすべく、社会権も含めて可能な限り具体的に女性の権利を起草しようとした。しかしながら、そのような詳細な規定は憲法にはふさわしくないということで、大部分が削られ、現在のように比較的シンプルな体裁に落ち着いたわけである。

このようなシンプルな外観にもかかわらず、二四条はそれだけで日本女性にとって革命的な意義を持ったことは言うまでもない。二四条そして一四条の要請に従って民法は大幅に作り直され、妻の無能力、戸主権、家督相続をはじめとする「封建的」規定は姿を消すことになった。ところで、二四条のさらなる意義はこのような明白に家父長的な家制度を解体するにとどまらず、家族生活における個人の尊厳と両性の本質的平等を規定したところにある。この点は恐らく比較法的に見ても進歩的なものである。二四条と並んで、日本国憲法では、直接には、性別に基づく差別を禁止する一四条が、若年定年制や結婚退職制、賃金・昇格差別等と闘う女性にとって大きな力となってきた。さらに二四条は、公的領域のみならず根強く残る家族生活における性別役割を批判する武器となりうるものである。憲法学説においても、家族生活という私的領域における個人の尊厳と配偶者間の平等を定めるというその近代的家父長制をこえる斬新な性格が指摘されている。このような二四条の持つ個人主義的射程は、長い間要求されながら未だに実現されていない、夫婦別姓や婚姻適齢の男女間差違の解消、再婚禁止期間の見直しなどにとって大きな実定法上の根拠となるものである。

そして、九条と並んで二四条が改憲派によって攻撃されるのも、このような二四条の持つ革新的性格のためであると見ることができる。憲法調査会においても、「GHQは、日本の強さは家族にありとみて、これを破壊したかった」と述べて二四条を批判した議員がいたが、[39] そこから導かれる結論には承服しかねるとしても、家族領域と政治的領域の関係性の分析としてみれば全く妥当なものである。戦前の忠孝一本は、公私を貫く一元的精神的支配を実現することによって、凶暴な日本帝国主義を支えた強力なイデオロギー的礎であったことは間違いないからである。

ところで上述のように二四条に対する攻撃は真新しいものではない。五〇年代末に家制度復活が画策された際にも二四条は攻撃の対象であった。この五〇年代改憲論の二四条に対する攻撃が天皇制国家への回帰を図るノスタルジックなものであったとするならば、単純な復古主義的志向とは一応一線を画しているようにも見える今日の改憲論において、二四条が攻撃されていることの意味はどのように見たらよいのだろうか。少し射程を広げて考えてみよう。

39　鳩山邦夫議員発言、衆議院憲法調査会二〇〇〇年一〇月二六日

●家族保護規定の主張と人権制約

とくに自民党によって主張されているのは、「家庭」に憲法上の位置づけを付与する家族保護規定の創設である。彼らも主張する通り、こうした家族保護規定はヨーロッパ諸国に特徴的に見られるように、比較法的に見ても珍しいものではない。問題は、改憲派がこの類の規定の創設によって何をしたいのかである。

　ところで憲法調査会を支配した言説は、「基本的人権の尊重は日本社会にすでに問題なく定着した。ところが、権利には義務が伴うことを忘れ、人権の意味をはき違えた利己主義が跋扈し、家庭崩壊、社会道徳の崩壊、倫理観の欠如を引き起こすに至った」というものである。これによって日本国憲法が権利を列挙する一方で、義務を多くは定めていないこと（国家権力の制約を主眼とする近代憲法で権利を列挙するのは当たり前のことであるが）が攻撃され、「家族・共同体における責務を明確化する」（「論点整理」）ことが方向性として示され、「公共価値による人権制約」（「たたき台」）が強調されているのである。つまりここでは、人権と家族の関係が密接に意識され、権利過剰・利己主義的風潮→家族の崩壊、あるいは、家族の崩壊→権利過剰・利己主義的風潮という図式ができあがっている。

　二四条を攻撃し、家族の憲法上の位置づけに固執するのは、このように家族に「日本的な道徳と伝統」を伝え、それによって権利を主張しないような国民を養成する役割を期待しているからのようである。このように人権を制約する、あるいは義務を課すための論理と家族が密接に結びつけられていることが特徴的である。

　さらに露骨に「急に国に奉仕しろといわれても飛びすぎて、まず家族・コミュニティに奉仕をする延長線上のなかに国に対する奉仕も位置づけたほうがなじみやすいのではないか」と述べる自民党議員もいる通り[40]、国家に奉仕する従順な個人を創出する中間団体として家族を考えており、家族を国家の道具と見る発想が大変強く、家族の保護という謳い文句自体が実に怪しいのである。

40　加藤勝信議員発言、二〇〇四年一〇月三一日自民党憲法調査会憲法改正プロジェクトチーム第九回会合議事録

●家族保護規定で何をしたいのか？

自民党の論点整理は、二四条の見直しの一方で、「社会を構成する重要な単位である家族に関する文言を盛り込むべきである」とか、「家族を扶助する義務を設けるべきである。また、国家の責務として家族を保護する規定を設けるべきである」と述べている。改憲勢力は家族保護規定を設けることで何をしたいのだろうか。

憲法調査会での議論を見てみても、家族保護規定によって国家や自治体の家族への保護がどう強化されるのかはほとんど見えてこない。家族的生活を保護するために、長時間労働を規制したり、男性が育児休業を採ることを奨励したり、シングルマザーを特に援助するつもりは別になさそうである。

また、何かとヨーロッパの家族尊重規定を引き合いに出す改憲派だが、家族尊重規定を持つ先進国が、その下で行ってきたこと、例えば婚外子の相続分差別の撤廃を行う気はあるのだろうかと言えば、全くこれも疑わしい。婚外子の相続分差別の撤廃は、生まれによって子どもを差別しない、家族形態の如何に関わらない子どもの保護の原則の表明として非常に重要である。自民党が子の福祉を真剣に願い、形態に関わらない家族の保護に熱心ならば、婚外子相続分差別の撤廃が、一九九六年に法制審議会によって提示されていながら、今日まで実現していないことをどう説明すればよいのか。また、家族尊重規定を持つヨーロッパ諸国では、同性愛カップルに対して何らかの法律的保護を与える国が増えつつあるが、このことも形態の如何にかかわらず生活共同体を保護するという傾向と強く関わっている。しかし、ヨーロッパの家族尊重規定を敬愛するかのように見える自民党が、こうした家族形成に関する自己決定権を尊重する気があるとはとうてい現時点では考えられない。

自民党が保護したい家族とは何なのか。「論点整理」は、家族を保護すると言う。しかし、他方で、「両性平等の規定（現憲法二四条）は、家族や共同体の価値を重視する観点から見直すべきである」という。なぜ家族の価値と、両性の平等が矛盾しなければならないのか。彼らが保護したい家族は、両性の平等と個人の尊厳に基づく家族ではないからである。「論点整理」を自民党が引っ込めたとしても、彼らの持つ家族像はこの「論点整理」から明らかである。そのような性別役割を内包したままの家族の保護とは何を意味するのか。そのような家族を保護されることを私たちは望んでいるのか。

また、家族と義務を結びつけて、性別役割を内包した家族的価値を憲法に位置づけようとする動きの裏には、少子高齢化社会において家族に社会保障を肩代わりさせたいという思いも透けて見える。実際に戦前の家制度は精神面でだけ機能したわけではなく、国家の社会保障負担を減じる経済的役割を果たしたわけである。ところで私たちは、そのような社会モデルを今日欲しているのか。あるいはそのような道徳頼みの社会保障で新自由主義的諸改革が進行する今日、私たちの生活は十分に保障されうるか。国家が、家族間の相互扶助の美徳を法律で強制しておいて、国民の生活を保障する義務を免れるようなことはあってはならないはずである。

さらに言えば、この家族観は性別役割を前提としているから、介護等の担い手として当然女性を想定していることが想像できる。多くの日本女性が、美徳の名の下に介護の無償の担い手となってきたが、そのような社会を私たちは肯定することはできない。最近の内閣府の調査によれば、男は仕事、女は家庭という考え方に体する反対が、賛成を初めて上回ったとのことである（朝日新聞二〇〇五年二月五日）。私たちは、女性が家事等の無償の担い手とされる社会を次第に欲しなくなってきているのである。そうであるあるならば、私たちは性別役割を憲法化しようとする動きと対決しなければならない。

●家族と憲法への過剰な期待

家族が「公共」の基本と述べる「論点整理」をはじめ、改憲派の家族への過剰な期待は、他方で彼らの西洋コンプレックスやアイデンティティ・クライシスの一端を伺わせるものでもある。西洋起源の近代憲法には欠如している「東洋的なもの」や「和の精神」を化体するものとして家族共同体が象徴的に引き合いに出され、この家族共同体に憲法的な地位を与えることによって、日本国のアイデンティティを確認したいという思いが看取できる。もし彼らが「東洋的なもの」や「和の精神」を本当に誇りに思っているのなら、そんなことをいちいち確認するために法律を作る必要はないのである。

また、憲法で家族に地位を与えれば、家族の崩壊が止まると本当に思っているのならば、これもまた全くナイーブとしか言いようがない。仮に日本の家族が崩壊しているのだとしても、それは憲法が家族について定めていないからなどではない。まず改憲派の言う「家族崩壊」というのが何を指しているのか、私にはよく分からないのだが、もしそれが「法律婚家族の崩壊」を指しているのなら、日本の家族は壊れてなどいない。類い希な強力さを誇る身分公証制度である戸籍制度と日本人の戸籍への粘着的意識のおかげで、婚外子の出生率は、先進国でもずば抜けて低く抑えられ、離婚手続の法律上の簡便さにかかわらず、離婚率だってたいして高くはないのである。

もし、そうではなくて、「家族崩壊」という語によって家族成員間のコミュニケーションの希薄化ということが言いたいのならば、それは絶対に憲法のせいなどではない。男性の家庭不在を強いる長時間労働、単身赴任、女性を非正規雇用に押し込めつつ家事負担を強いる新性別役割、世間体や戸籍云々を重んじ当事者の意志を尊重しない日本型の結婚の形式主義など、さまざまな社会的原因があるのであって、憲法が家族について沈黙しているからなどではない。少子化についても、これらの社会的条件に幻滅した女性の必然の選択の結果であって、両性の平等に基づかない家族的価値を憲法で再評価したところで、これらの社会的条件が変わらない限り子どもを産みたいと思う女性が増えるわけはない。

●さまざまなバックラッシュ

改憲派の家族像について上で述べたが、憲法上に家族を位置づけようとする、そして二四条を削除しようとする動きは、今日進行する様々なバックラッシュ――ジェンダーフリー・バッシング、道徳教育の強調、性教育バッシング等――と合わせて考えると、真剣に対決しなければならない問題であることが、より鮮明になってくる。

ここ数年では、出産をしない女性に対する石原東京都知事や森喜朗元首相の暴言などがあったことは言うまでもない。例えば、地方レベルでの男女共同参画条例作りが進む一方、荒川区で男女共同参画条例中に、ジェンダーフリーと真っ向から対立するような内容を盛り込もうとする動きが見られた。[41] ここでは、「母親がその選択に基づき子育てに専念することは、その人の生き方として尊重されなければならない」、「男女の区別を見誤ってはならない」、「性差を否定する教育は行なってはならない」など、ジェンダーフリーとはおよそ真逆の内容が男女共同参画の名の下に盛り込まれようとしたのである。

また、性教育バッシングも深刻に受け止める必要がある。東京都日野市の七生養護学校では、歌や人形を使った性教育が「過激な性教育」などとメディアによってバッシングされ、東京都教育委員会は実際の授業を視察することなく教材を没収し教員らの処分を行なったのである。正確な性教育を行うために、図や人形を用いたり、「ヴァギナ」や「ペニス」などの解剖学的な用語を発音することは何ら異常なことではない。そして正確な性知識は、男女平等の揺るぎない基礎である。性教育に対する攻撃を軽く見てはならない理由の一つはここにある。

このように憲法論議の外側の社会情勢を瞥見するだけで、自民党の改憲派が、家族尊重規定を

41 荒川区条例案 http://www.city.arakawa.tokyo.jp/9/danjyo/kondankai-9.htm

もうけようとしていることが無垢なものではあり得ないのではないかとの疑いを抱くに十分である。翻ってみれば、これらのバッシングは、上述の内閣府の調査結果にも表れているとおり、日本社会にも男女平等を志向する意識が拡大を見せており、このことを快く思わない陣営が危機感を募らせていることの裏返しでもある。従って、言うまでもないことだが、改憲反対運動は、すでに社会に一定存在する男女平等への志向をくみ取り、こうしたジェンダーフリー／性教育バッシングとも対峙しなければならないのである。

●終わりに

以上、本稿では、自民党「論点整理」等に表れた改憲派の家族観について簡単に分析し批判してきた。そこでは、すでに存在するさまざまな形態の家族とその子どもを保護するという人権保障の観点ではなく、家族保護規定という形をとりながら、二四条を削除し、性別役割を肯定し、日本の「伝統的価値」の伝承を通じて、従順で人権など主張しない個人を再生産する中間団体として家族を位置づけたいという意図が見えている。この意図は、九条改悪の意図とも結びついている。効率的な軍事大国を目指すとき、いちいち人権など主張されては困るからである。

家族問題は、私的な問題であるようで、高度に政治的な問題である。改憲派は、何かと家族を日本古来の伝統に結びつけて自然なものとして提示したがるが、自然なものなら放って置けばいいのである。改憲派が家族尊重規定に執着していることは、一方で、彼らの憲法を通じて伝えたい「日本の伝統」とかいうものが自然のものではなく人為のものであること、他方で、家族問題の政治性を証明するものである。彼らが、家族問題を国家につながるものとして、これに重要性を置くことは認識として正しい。家族のあり方は、国家のあり方と緊密な関係を持つからである。しかし、私たちに必要な国家は、果たして、人権を主張しない従順な個人に支えられ、男性／女性の性役割が固定化され、男性が公的領域を牛耳る国家なのか。そうでないならば、権威的・性差別的な家族のあり方を容認するような憲法改正を容認してはならない。

参考文献リスト

新しい教育基本法を求める会「新しい教育基本法を求める会要望書」http://www.kyouikukaikaku.net/siryou.html
安倍晋三「第三の憲法を白紙からつくりたい」『論座』(二〇〇四年二月号)
天野恵一「「現人神」の「象徴天皇」とは何か」(『技術と人間』、一・二月合併号、二〇〇五年)
荒川区条例案 http://www.city.arakawa.tokyo.jp/9/danjyo/kondankai-9.htm
蟻川恒正「政府と言論」(『ジュリスト』一二四四号、二〇〇三年)
石破茂・潮匡人「自衛隊に活路はあるか――〝法治国家〟という逆説の苦悩」(『正論』二〇〇四年三月号)
石破茂『国防』(新潮社、二〇〇五年)
石破茂「自衛官がいてこそ日本がある」(『Voice』二〇〇五年三月号)
石原慎太郎・佐々淳行「国難は、憲法を超える」(『諸君!』二〇〇四年二月号)
今井一『「憲法九条」国民投票』(集英社新書、二〇〇三年)
今井一編『対論! 戦争、軍隊、この国の行方』(青木書店、二〇〇四年)
奥平康弘『法ってなんだ』(大蔵省印刷局、一九九五年)
加藤勝信議員発言、二〇〇四年一〇月三一日自民党憲法調査会憲法改正プロジェクトチーム第九回会合議事録
加納実紀代=小倉利丸=鵜飼哲「自由・平等・憲法」(『インパクション』一四四号、二〇〇四年)
ハンス・ケルゼン『一般国家学』清宮四郎訳(岩波書店、一九七一年)
古関彰一『新憲法の誕生』(中公文庫、一九九五年)

小林武「天皇制論の50年」（樋口陽一、森英樹、高見勝利、辻村みよ子編『憲法理論の50年』日本評論社、一九九六年）
近藤敦『外国人の人権と市民権』（明石書店、二〇〇一年）
渋谷秀樹『憲法への招待』（岩波新書、二〇〇一年）
カール・シュミット『憲法論』阿部照哉・村上義弘訳（みすず書房、一九七四年）
杉原泰雄『憲法――立憲主義の創造のために』（岩波書店、一九九〇年）
杉原泰雄『憲法の「現在」』（有信堂、二〇〇三年）
髙坂節三「憲法を改め、ウソの文化と決別せよ」（『論座』二〇〇三年七月号）
高橋哲哉『教育と国家』（講談社現代新書、二〇〇四年）
高橋哲哉＝保岡興治「選挙直前憲法激論」（『週刊金曜日』五一三号、二〇〇四年）
高見順『敗戦日記』（文春文庫、一九九一年）
田中伸尚『日の丸・君が代の戦後史』（岩波新書、二〇〇〇年）
田中伸尚『靖国の戦後史』（岩波新書、二〇〇二年）
田中宏『在日外国人（新版）』（岩波新書、一九九五年）
デュギー『法と国家』（岩波文庫、一九九六年）
中曽根康弘「二十一世紀の国防戦略」『Voice』（二〇〇四年四月号）
アントニオ・ネグリ『構成的権力』杉村昌昭、斎藤悦則訳（松籟社、一九九九年）
長谷部恭男『憲法と平和を問いなおす』（ちくま新書、二〇〇四年）
鳩山邦夫議員発言、衆議院憲法調査会二〇〇〇年一〇月二六日
樋口陽一『近代国民国家の憲法構造』（東京大学出版会、一九九四年）
樋口陽一『憲法と国家』（岩波新書、一九九九年）
樋口陽一『個人と国家』（集英社新書、二〇〇〇年）

平沼赳夫「悲願の自主憲法制定に心血を注ぐ」(『月刊自由民主』六一二号、二〇〇四年)
古川純「有事法制の仕組みと問題点」(憲法再生フォーラム編『有事法制批判』岩波新書、二〇〇三年)
前原誠司「憲法改正は、実態的ニーズをもとに実現する」(『諸君!』二〇〇三年九月号)
カール・マルクス『フランスにおける内乱』村田陽一訳(大月文庫、一九七〇年)
八木秀次『明治憲法の思想』(PHP文庫、二〇〇二年)
八木秀次「日本国憲法には「日本」が足りない」(『月刊自由民主』六一四号、二〇〇四年)
山内敏弘「国法の体系と変動」(樋口陽一ほか『憲法入門①』有斐閣新書、一九九〇年)
山内敏弘編『新憲法入門』(法律文化社、二〇〇四年)
山口二郎・中川正春・小林節・山口富男・福島瑞穂・佐高信「だから改憲、だけど護憲(座談)」(『論座』二〇〇四年七月号)
ダグラス・ラミス『ラディカルな日本国憲法』(晶文社、一九八七年)
渡辺治『日本国憲法「改正」史』(日本評論社、一九八七年)
渡辺治『政治改革と憲法改正』(青木書店、一九九四年)
渡辺治『憲法「改正」はなにをめざすか』(岩波ブックレット、二〇〇一年)
渡辺治編『憲法改正の争点』(旬報社、二〇〇二年)

●雑誌の特集
『ピープルズ・プラン研究』二〇〇一年一三号「憲法の論じ方を変え改憲論を斬る」
『現代思想』二〇〇四年一〇月「日本国憲法」
『インパクション』二〇〇四年一四四号「憲法という『戦場』」
『季刊ピープルズ・プラン』二〇〇五年二九号「姿を現わした改憲の全体像」

【編者紹介】
ピープルズ・プラン研究所
ピープルズ・プラン研究所は、現在の暴力的な世界秩序や息苦しい社会制度に代わって、民衆（ピープル）の側から構想される社会を探求する在野の研究グループです。国内、海外のさまざまな反戦、反グローバリゼーションの運動と合流し、ネットワークを築きながら、新しい理論と思想を生み出す研究活動をおこなっています。
169-0072 東京都新宿区大久保 2-4-15 サンライズ新宿 3F
Tel/Fax：03-5273-8362
ppsg@jca.apc.org
http://www.jca.apc.org/ppsg/

「改憲」異論① 改憲という名のクーデタ

発行……二〇〇五年五月三日 初版第一刷一八〇〇部
定価……一〇〇〇円＋税
編者……ピープルズ・プラン研究所
発行所……現代企画室
住所……101―0064 東京都千代田区猿楽町二―二―五―三〇二
電話―――〇三―三二九三―九五三九
ファクス―――〇三―三二九三―二七三五
E-mail：gendai@jca.apc.org
http://www.jca.apc.org/gendai/
郵便振替―――〇〇一二〇―一―一一六〇一七
印刷所……中央精版印刷株式会社
ISBN4-7738-0504-8 C0036 Y1000E